Idea man

Idea man

最高
自主
學習法

讀書．工作，一生受用，
快速提取資訊精華，
駕馭各種複雜知識

THE
A Strategic Plan to Break Down Complex Topics, Comprehend Deeply, and Teach Yourself Anything

SELF-LEARNING BLUEPRINT

PETER HOLLINS

人類心理學研究者 **彼得．霍林斯** 著

陳圓君 譯

目錄

CHAPTER 1

自我學習計畫 005

CHAPTER 2

自主學習的四大支柱 047

3

CHAPTER

學習策略 119

4

CHAPTER

探索障礙與失敗 179

1

CHAPTER

自我學習計畫

想像一下你開始創業，你發現了一個不錯的產品，也確信它會讓整個市場為之瘋狂。

所有朋友都說他們一定會買你的產品。更棒的是，谷歌（Google）搜尋的結果顯示，沒人有販賣這種產品的點子。

你就要發了！

於是你開始在網路上逛起私人遊艇拍賣，死黨們說你現在這樣做還太早，但你不知道他們這麼說是什麼意思，所以你根本不管他們說什麼。

你對這個機會感到興奮不已，建立起一個網站，購買大量產品以滿足你預期的需求，準備將你的商品送到客戶手上。

你現在該做的，就是購買一些廣告，以及等待訂單的到來。做生意真簡單啊，為什麼沒有更多人自己開公司呢？

果然，事情發生了一百八十度的轉折。

你很震驚地發現，你的網站廣告費用遠遠超過你的收入。每個月你都在賠錢，只完成了一筆買賣，而且那次銷售後來還被退回，要求退款。

你的商品從來就沒有什麼市場需求，你的朋友只是不好意思說破，所以欺騙了你，而產品本身就很可笑。

為什麼你會落得如此下場？這種情況是可以避免的嗎？

精通生意的商人不會只因為想到一個好點子就開始賺錢。他們在採取行動之前，會大量研究學習。

一旦採取行動，他們就會以自知會產生所尋利潤的方式行事。這裡的失敗不僅僅是行銷或網站設計的失敗，而是未能理解自我學習的過程，以及看不清這件事對生活中任何新事物有什麼貢獻。

做生意是一個高風險的情況，需要大量投入資源，而你沒有主動自我學習，從而使自己陷入失敗的境地。事實上，自學簡單和複雜訊息的能力，是決定你能否從A點到達B點的隱藏性因素。

可悲的是，常常只有在失敗之後，我們才會去尋求指導者、課程、書籍，甚至是播客來確認自己哪裡做錯，以及下次怎麼做才能成功。

對商業人士來說，這可以讓他們學會分析市場，從而使他們能夠清楚認知到自己的產品會在市場上一飛沖天，抑或完全被忽略。

他們還會學到不同的宣傳方式，讓產品還沒熱賣前先打入目標市場。

想像一下，如果你打開錢包把錢沖下馬桶前，就已經明白這是過程的一部分，那是什麼感覺？

當然，邊做邊學也是可以的，但學習的技巧還是需要培養。

現在，想像另一個場景——你正在學習彈吉他。

你並不是想成為什麼搖滾巨星，但是與孩子們一起露營旅行時，在營火旁彈幾首歌，似乎是一種與孩子們親近以及消磨時間的有趣方式。你拿起一把吉他，撥弄琴弦，被這個相對小巧的絃樂器所能發出的刺耳聲響嚇了一大跳。

在徹底激怒你原本想要取悅的家人之後，你覺得自己該去求助了。

在考慮預算和可以學習的時間後，你認為YouTube影片和網站是最好的學習管道。你在晚餐後留二十分鐘學習，拚命搞懂那些和弦以及彈奏技巧，好在研究更複雜的歌曲之前，確保自己已經了解音階和一些理論。

很快地，你可以輕鬆讀懂樂譜以彈奏營火之歌，甚至加入一些即興片段。因為你預留時間，為學習新事物好好地下了功夫，所以獲得了自娛也讓家人和朋友開心的能力。在這個情境裡，要承擔的風險相對較低，但結果卻大不相同。

在這兩個例子中，成功的關鍵就是艱難的自我學習過程。你可能會感到乏味，甚至覺得不可能做到，這是因為你不知道要從何下手。

但是，對於生活中的新事物，都必須經歷這種不適以及困惑的階段。你可以諮詢專家、從指導教材中學習，也可以根據你現在的程度和你想要達到目標之間的知識落差來設計自己的課程。

重要的是，透過投入時間和精力來獲得新知、掌握新技能，就可以抵達你的目標境界。一旦到了那裡，新的大門也將打開。

我們舉的兩個例子都會帶來益處：一個是金錢，另一個是社交，然而兩種學習行為都會增加學習者的生活品質。這一切所需的只是時間、努力，和是否願意應用從專家那裡所習得的知識。

自我學習是釋放生活中各方面潛能的關鍵。然而，如果這是一項簡單的任務，那我們每個人早就會在自己想要的位置上了。這既不輕鬆也不容易。

我們小時候學會的學習方法，很少是現實生活中最好的方法。一想到要自定學習策略和計畫，就會讓人想打退堂鼓。但誰說你就應該滅自己威風，覺得自己無法辦到呢？

此外，事實證明，人們在自我學習過程中遇到的心理障礙，甚至與學習過程本身無關。

你曾聽聞各種毫無根據的觀點，通常會像這樣的說法：「你需要X來學習，如果沒有X，你就注定會失敗。」這些沒有根據的觀點，讓很多人甚至無法踏出他們渴望的第一步。

花點時間去消除這些迷思是值得的，這樣我們就可以毫無保留地完全投入學習之中。

必要條件的迷思

許多神話賦予人們力量，成為靈感的來源。例如，古希臘神話中的柏修斯（Perseus）殺死了蛇髮女妖梅杜莎（Medusa），作為鼓舞人心的號召：看似不可能的事，實際上卻很有可能達成。

不幸的是，學習並非如此。大多數的情況下，學習迷思會導致自覺障礙（perceived barriers），讓人認為學習和思考必須用一定的方式、準則，甚至要具備某種動機才行。

從學習方式的迷思，到智商、智力天注定的謬論，讓許多人認為自己被困在原地。這些都不是真的，除了懷抱理想和一定的自律之外，其實學習並沒有真正的先決條件。

這一部分就是要揭穿那些害人缺少自信的迷思，甚至開啟人們想要自學的可能。

迷思一：學習需要天生的智力或才能

只有天資聰穎的人才能樣樣精通嗎？我們之中是否有些人就是對學習沒輒？相對於某些工作，我們是否注定只能從事別的類型？

不，當然不對。其實，天賦只是決定學習成功與否的一小部分。事實證明，**心態才是成功與失敗的學習者之間最顯著的區別**。

研究顯示，具有成長心態的人認為自己可以隨著時間和努力而進步，比那些可能更有天賦但相信智力天注定的人發展得更好。

造成這種情況的原因很多。相信智力決定一切的人，會在自己邁向成功的道路上設置障礙。儘管這聽起來有些違反直覺，但仔細想想，天生聰明的人不會激勵自己努力超越他人，因為他們認為努力是徒勞的，那麼這句話就說得通了。

天資聰穎的人可能在一開始有較高水準的表現，但他們不擅於多樣化，很容易黔驢技窮。

這讓他們能夠學習事物的種類和數量受到限制。

其他人會接受在他們「不擅長」的領域中表現欠佳，但其實只要他們再多找些資源，多投入點精力，很容易就能在那些被拋棄的學習領域中取得卓越的成績。

相比之下，具有成長心態的人——無論他們對某一學科的天賦如何——知道只要投入時間和精力，加上適當的指導，便能精通於任何領域。

整個世界充滿機會，他們可以自由地盡情發揮。與那些相信「才能決定能力」的人不同，他們知道，不用因為輸在起跑點而絕望，反之，他們視失敗為進一步學習的機會，關於哪些事不該做，他們得到畢生難忘的教訓。

除了不怕失敗之外，具有成長心態的人還表現出甘心冒更多風險的意願，這大大地擴展了他們學習和掌握事物的種類。他們也被證明了在學習中進步更快，可能是因為他們不容易氣餒，也不讓失誤成為他們向前邁進的永久障礙。

以成長為導向的人不把「智力是出生時就決定好的」的論點放在眼裡，其實他們才是對的。從嬰兒期開始，我們每個人都會隨著年齡增長而學習。我們先是在嬰兒床上胡亂擺動，然後學習抬起頭和爬行。很快地，我們邁出第一步，與父母和兄弟姊妹說話。最後，我們學習代數，閱讀文學，然後做起自己的科學實驗。

上述這些都是人類一生中不可避免的過程。一開始我們尚未開發也不熟練，但我們的大腦隨著使用而成長、進化和改變——不僅在童年，而且直到我們死去的那一天都是如此。

每一天都是一個學習、都是成為或做出超越自我想像事情的機會。我們所要做的就是把事情掌握在自己手中，相信自己，向大師學習，並且練習新的技能，直到像他們一樣成功。

迷思二：需要特定的學習方式

第二個普遍的迷思就是認為我們每個人都有獨特的學習方式，這使我們更容易或更難從特定方法和媒介中學習。這個迷思接著說，我們每個人在心理上受到不同的支配設定，因此要發揮我們的潛能，必需使用特定方式。

這種廣泛的思想流派起源於心理學家霍華德・加德納（Howard Gardner）的研究，他在一九八三年出版了《心智架構：多元智能理論》（*Frames of Mind: The Theory Of Multiple Intelligences*）一書。

加德納概述了八種不同的智能：語文、數理邏輯、音樂、肢體動覺、空間、人際、內省和自然智能。這些智能並不能描述個人的技能，而是構成集體的一部分。正如加德納在他最初的理論中所描述，每種智能都是一個獲取知識系統的分支。這些不同的分支旨在共同促進不同的其他方法，以教導人們學習新的事物。

不幸的是，大眾文化將他的研究轉變成一種區分人的方式。記者和其他善意的人提倡這樣的觀念：我們每個人以不同的方式，展現出自己的才智，我們多少都有能力展現不同類型的智能或學習方式。這可以為那些表現不佳的學生辯解，並且提供了一個非常誘人的解決方案：如果我們以對方偏好的形式展現教材，他們會更容易學習。

有關此一主題的每一項研究，都揭穿了這個理論。

當人們以自己喜歡的方式學習教材時，他們並沒有表現出學得更好或更快的傾向。研究反而發現，**無論每個人的喜好為何，當教材以適合被學習的形式呈現時，每個人的學習效果才是最好。**

這很直觀。雖然每個人都不一樣，但我們之間的差異並不大，以至於我們之中有些人透過閱讀體育知識來將體育學得更好，這始終是動覺方面的智能。同樣地，如果要將語言正確地發音和書寫，就必須透過聆聽和閱讀。

加德納最初的多元智能理論與這些發現完全吻合。他假設我們每個人都使用上述所有方法來學習，並且認為意識到這些不同的途徑，可能有助於教師找到更多與學生交流的方法——而不僅僅是那些適合新方法的學生。

一個與此類似，關於學習和大腦的迷思，也同樣遭到揭穿：這個迷思是立基於有些人右腦較發達，有些人是左腦較發達。左腦較發達的人應該更善於邏輯推理，右腦較發達的人應該更具藝術天賦。許多人認為，由於這些所謂的生理差異，人們需要根據自己的技能和極限來學習及行動。

這個迷思的產生是因為一些腦部掃描顯示，每個大腦半球的活動程度不同，執行著不同的活動。但最近的腦部掃描顯示，大腦在這些智力活動中發揮整體的作用。事實上，大腦在所有人身上運作的方式都更為全面，我們所有人的大腦兩側都是完全運作，而且我們也不限於只具備邏輯或藝術的才能。許多人擅長這兩種類型的學習，所以你也可以。

迷思三：需要特定的動機

第三個人們常犯的錯誤是，等待學習新事物的動機出現。他們相信隧道的盡頭必然會有一道亮光。

坐等靈感降臨是一種錯誤。讓我們面對現實吧，沒有人會喜歡或感覺到某種內在的動機、渴望，去學習一些他們根本不在乎的東西！不論是微積分或一個新的軟體，最終目標正當，並不能說明該方法是合理的。

不可能總是有令人愉快的部分，也並非總是會柳暗花明。如果我們相信這些說法是正確的，那就意味著「動機」並不能讓你從沙發上起身，而「自信」才能。

自信就是相信自己有能力達到某個特定目標。如果你有高度的自信，相信自己能完成自己計畫的任務。如果信心不足，你就會擔心自己無法達成目標。高度的自信驅使你去學習，因為你知道如果跌倒或失敗了，你將會重新振作起來。你知道自己足以勝任，能夠完成自己發起的事情。這種自信激勵你繼續前進，因為沒有內在摩擦阻止你朝自己的目標邁進。

相比之下，信心不足則會讓自身充滿恐懼和疑慮。當你沒有自信時，會想著如果犯錯的話會發生什麼事，然後不斷擔心自己會犯多少錯誤。

缺乏自信，你會將自己與已經實現目標的他人比較。你會想，自己怎麼可能達到那種卓越的程度？當你沒有信心時，每一個缺點都像是你無能的證明，感覺永遠完成無法完成計畫。既然如此，又何必從沙發上起身呢？

學習是一項困難的工作，需要時間和努力。真正挑戰自己去學習新資訊，對任何人來說都不容易。沒有理由等待學習的情緒襲來，這種情緒可能永遠不會出現。學習並不總是有趣的，它不是只有在感覺良好時才能做的事情。

學習使我們比現在的自己更上層樓。這件事很困難。但如果你對於自己完成任務的能力有自信的話，那麼除了懶惰之外，還有什麼會阻礙你著手開始呢？

迷思四：需要一定的時間

即使人們知道可以學習哪些東西來改善他們的生活，許多人還是會聲稱自己沒有足夠的時間而推遲學習。大眾觀念認為：需要大量的時間才能精通一項技能或嗜好，這樣的想法強化了這個藉口。

事實上，麥爾坎・葛拉威爾（Malcom Gladwell）的《異數：超凡與平凡的界線在哪裡？》（*Outliers: The Story of Success*）一書中宣傳的一個經驗法則變相鼓勵人們逃避學習。

葛拉威爾在書中宣稱，掌握一項新技能需要一萬小時的練習。成功的基準這麼高，很多人看到這個數字會覺得自己忙到無法學習，這麼想也不足為奇了。畢竟，如果不能找出一萬小時的空閒時間就注定會失敗，那為什麼要開始學習新事物呢？在這段時間裡，你可以看幾百部電影，進行數百場約會，打盹上百個小時。

所幸，這個迷思雖然普及，但它毫無根據。

如果你花三個小時獨自練習射箭，你會學到一點東西。但是把這段未受指導的自學時間，跟與專業神射手相處三小時比較，後者可以觀察並糾正你的姿勢，讓你專注在需要掌握的技巧上。這兩堂課可能同樣有效嗎？當然不會。

有了老師，你就能更快、更容易地學習所需技能，並且消除在開始練習任何技能時不可避免會出現的壞習慣（當然，有一個戰略規劃再加上一些自律，也能讓你比想像的更快達到目標）。

葛拉威爾的一萬小時規則完全忽略了這一事實：練習的**品質**比我們練習的數量

重要得多。

根據暢銷書作家丹尼爾・高曼（Daniel Goleman）的說法，刻意練習通常需要「有專家眼力的人」來幫助你找到具體的改進方法，並激勵你達到自己的最高境界。「沒有這樣的反饋，你就沒辦法躋身頂流之列。反饋很重要，專注力也是一樣——不僅僅是時間的長短。」

在專家的指導下，我們可以拋開錯誤的觀念和壞習慣，在最短的時間內抵達目的地。

透過刻意、品質優良的練習，我們可以利用特殊的技巧和捷徑，將學習從布滿自我強化錯誤的漫長道路，轉換成一條更短，更容易在早期就發現錯誤，並迅速掌握適當技巧的道路。

當我們有了好的指導，無論是透過好的指導者，還是品質優良的指導教材，我們都將集中於專注力和練習，學習效率也會越來越高。簡而言之，我們確實可以更聰明，而不用更拚命地工作。當我們這樣做時，就能節省很多時間。

簡單來說，一萬小時的規則有些不完整，雖然學習是線性的，但你當然可以更聰明，而不是更費力地思考。

○宏觀與微觀計畫

現在你知道了，不需要才華橫溢，不需要設法適應各種學習方式，也不需要花大量的時間才能學習新的技能。除了努力的意願之外，沒有真正的先決條件。

那麼到底需要什麼呢？好吧，你需要一個計畫。具體來說，是兩個計畫。計畫應該分為兩個層面，一是宏觀，一是微觀。

在宏觀層面上，你要檢視你的總體學習目標和目的。在這裡，你要確保依照自己想要的方式來安排時間；在微觀層面上，你要計畫安排能夠達到那些目標的活動。在這裡，你要確保所花費的時間可以創造出你想要的結果。

宏觀層面可以透過以下六個步驟來實現：

首先，決定你想要學什麼。

這似乎很明顯，不過，你可以選擇把時間花在差勁的事物上，或是花在更好的事物上。

在考慮一個行動方案時，首先要先思考自己的優點和缺點。通常，**無論是在工作中還是遊戲裡，我們最好強調並發展自己的優勢，而不是盡量減少自己的缺點。**畢竟，沒有人會要求我們做每件事，而且當我們真的遇到困難時，總是可以從別人那裡獲得幫助。

但是在一個領域或一小部分中表現卓越，很容易使我們變成這個領域的專家，這是令人嚮往的結果。在選擇一個想要發展的領域時，著重在優勢上是個好主意。當然，如果你想要學習全新的事物，你也做得到。

即使你只是想提高專業技能，也應該在選擇想要學習的科目或發展的技能時，考慮你想要做些什麼。

職涯發展是該考慮的因素之一，但更重要的是要考慮什麼樣的活動會讓你感到快樂或不快樂。畢竟，如果你討厭數字，即使當會計薪水比較高，你也不會想獲得一個會計學位。符合你的興趣，也能讓你得到情感上滿足的選項通常會更有意義。

以達琳這位網頁開發人員為例。她希望自己更能掌控網站上的流程，而不是需要程式碼來執行某些自己無法創建的功能時，把工作外包。

此外，她希望能夠運用這些程式碼並從頭開始編寫，以便完全理解自己的網頁內容。她學習的目標是獲得更多類型程式碼的知識，這樣她就可以成為一位更稱職、更全面的網頁開發人員。

第二步是分析你目前的技能和經驗，找出知識落差。

與未來的自己相比，你缺少了什麼？你在哪些方面已經做得很好，很熟練？你還需要學習什麼？其他人能幫你填補這些知識落差嗎？還是你需要開始尋求其他資源？

一旦找到需要改進的地方，就能辨識出可以學習的特定領域以及應該發展的技能，從而更加靠近你的目標。這讓你的計畫雛形更加明確，因為你清楚知道，如果要到達下一步，自己還欠缺哪些東西。

達琳的工作就是開發網頁，她熟知最新版本的超文本標記語言（HTML）和階層式樣式表（CSS），但目前她外包某些類型的程式碼編寫給其他人，因此產生了版本控制的問題，這讓她對自己的工作感到無能為力。

如果她想填補這段知識落差，她需要學習網頁上常用的其他語言。她決定從Java開始，因為這是她經常運用到但不了解的程式碼。

第三，找出解決問題、克服缺陷，並且達到目標的正確方法。

這個階段在於檢視你的資源。這部分取決於你的性格特質，好比你是一個主動學習的人，還是坐在教室內會學得更好？你是否需要一個能夠隨時配合你行程表安排的學習來源？還是你能負擔定期和老師碰面的教學？你的偏好、行程表和薪資水準都是決定自己適合尋求和運用哪種學習資源的重要因素。

現代世界充滿了許多學習資源，從書籍、期刊、網頁到研習會，從工作團隊、正式課程，到正式和非正式的一對一指導教學。

在選擇學習資源時，考慮自己的學習偏好是很重要的，但這只是眾多的考慮因素之一。你還必須考慮學習資源或老師的聲譽，以及是否可以透過與某位老師一起學習，或在某個領域展現出能力而獲得任何正式的證書。

便利性也很重要，因為不管老師有多高的評價，你不能去上的課就是沒用。相較之下，獨自學習不能為你帶來他人的精神支持或技術支援，而課程或家教可能會包含他人大量的幫助和監督，如果這些事情在你所學的領域很重要，那麼也是值得付出代價的。

達琳個性積極，但擁有的時間有限。她考慮去報名社區大學的課程，從書本和期刊學習，甚至打算請一位私人家教，但最後選擇眾多的線上課程之一，按照自己的行程表來幫助自己提高技能。

上完這些課程不會得到證書，但她知道一旦掌握了技能，就可以參加技能檢定來證明自己，而且她在目前的工作中會立刻使用到Java，所以她不擔心學到的新知識會毫無用武之地。

第四步，繪製你的學習藍圖。

一旦知道自己想要達成哪些目標，就可以尋找那些已經實現該目標的人。把這些人視為循序漸進的指南，指導你到達你想去的地方。

如果這個人是名人，又或是已經不在人世，你可以研究他們的人生，找出他們是如何成為你想成為的人。如果他們不是特別出名，這樣更好，你可以直接與他們本人聯繫，詢問他們的成功之路。請把重點放在他們為了實現目標而必須克服的任何掙扎，或追尋的任何教育及人際關係，並嘗試在自己的人生中找到模仿這條道路的方法。

一旦完成初步研究計畫後，你將更加了解必須專注在哪些技能，以及該追尋哪些道路。

達琳和她的團隊主管坐來下討論：如何在合適的時機提升自己的職業生涯並找

到一份與導師相當的工作。他告訴她需要學習哪些特定技能，以及獲得所需技能後，必須通過哪些檢定認證。他會告訴她未來將面臨的困難以及克服方法。達琳最終有可能選擇不同的道路，但研究藍圖可以為她帶來更多的資訊和清晰的認知。

第五步，訂定可衡量的目標。

你的學習目標應該簡單、具體並且易於量化。你需要設定一個期限，用你設計的指標來衡量預期進度，並且遵照這個時程表。把你的目標和期望放在公開、旁人可見的地方，這可以確保其他人也知道你的計畫和期望，從而提高你的責任感。記住，你應該透過設定進度來獲得特定、可測量的技能，這些基準都是為了更高的學習目標而定。

如果你選擇了一個更正式的環境，上課時間可能都已安排好，你還是必須留出自己的時間閱讀、學習和練習。如果你要精通這項技能，課堂上的練習是不夠的。假如你選擇的是自學這條路，建立規律的學習時間表就更為重要了。

記住，即使採用最好的方法，真正掌握一項技能還是需要一段時間，所以務必安排充分的學習時間。你不僅需要時間閱讀或觀看學習影片，還要思考自己學到的東西，進行重要的練習，以及發現和糾正不可避免會犯的錯誤。

達琳根據線上課程提供的單元為自己制定了時程表，為每堂課留出特定的時間，也為每個單元安排練習時間。並且每週預留特定的時間進行單元測驗。她將這些安排輸入手機，以確保自己不會忘記，還印了一張日程表貼在她的辦公隔間牆上。幾個月來，她持之以恆地進行，因此，她將會達成精通於程式設計這個目標。

第六，留時間思考你所學的東西，重新評估自己是否以最大的潛能在進步。

畢竟，如果一種方法沒有效果，並不意味著你就沒希望了，有時候你需要的只是更多的責任感，或者更加獨立才能開始嶄露鋒芒。你想要一個能夠使你的技能達到目標的學習計畫，而不是進行得不順利因此浪費掉你的時間。廚師在烹飪時總會品嘗味道，你應該用同樣的方法來評估你的進展。

達琳堅持她的計畫，對自己的進步感到滿意，但覺得課程稍稍不足，未能完全滿足她的需求。當需要進一步解釋說明時，她便請教主管來解決這個問題。他很樂意幫助她。最終，她獲得所需的技能，並成為更有效率、技能更高的員工。

自我學習計畫的宏觀層面並不複雜。事實上，這相當簡單。它主要在說明讓你的學習方法更有效率的系統過程。

然而，微觀層面上仍然是一片空白。我們還沒談到你需要運用的特定技巧和必須完成的日常活動，以將學習從虛度光陰變成獲得技能的方法，這方法將會讓你一生都受用不盡。

學習是吸收資訊進而理解的行為……但是接下來呢？第一步——找一段影片或一本書，坐下來被動地吸收其中的資訊——從來就不是問題。即使是宏觀計畫也不難，而且大部分都是習慣或常識。難的是把我們接觸到的知識，轉換成可以使用的穩定、長期的記憶。

我們要如何利用這些資訊才能真正學習？如何從僅能背誦公式，到理解怎麼去運用它？我們將在這裡介紹自我學習的四大支柱，它們將貫穿於全書的各章內容。

支柱一：「讓我換句話說……」

幫助學習的第一個技巧是轉換和綜合資訊，也就是用你自己的話來表達新的資訊。當我們一字不差地背誦時，我們可能會回憶起所學的內容，但不一定對這些不加思索唸出來的東西完全了解。

當我們對資訊一知半解，沒有把它們與現有知識融合時，它們就變成一段容易忘記，聽起來很陌生又沒頭沒腦的敘述。

例如學習樂器時，我們以圖示或描述位置的方式，將頁面上的音符轉換成在樂器上對應的位置，以此學習。

相較之下，當我們用自己的話表達一項資訊時，是以我們熟悉的語言去重新措詞。要重新表述一個概念，我們得先將這個想法放進腦中，接著思考其中的基本和更深層面，最後用新的語句表達出基本和附加補充的主題。

重新表述一個概念，需要我們真正思考這個想法，而一致、有意識的思想會幫助我們記住所學到的東西。用你自己特有的方式表達，還可以讓你覺得這項資訊對你更重要，同時有助於資訊的保存。我們記得對我們重要的事情！

支柱二：「這個會考嗎？」

學生們不斷重複這個問題，就是想知道何時可以不用專心聽。如果這裡不會考，那自然就不重要。在自學時，你可以（也應該）為自己安排測驗。

和學童認知的不同，測驗不單純是為了建立一個可衡量的成績，在你把「無用的」知識從腦海裡刪除之前，考試肯定也不是你要達到的最終目標。它們是一種評估工具，強迫你記住並練習從記憶中檢索資訊。

它們強迫你在舒適區之外學習和回想起所學的事物，只是再讀一次和畫重點並不能讓你達到想要的目的。

你可以透過安排測驗來讓自己有更有責任感，增加對這項專業的掌握程度。測驗不僅可以讓你知道自己已經學會哪些——從而知道還有哪些該讀——還可以再次強化你已經學會的部分。如果你強迫自己進行更多測驗，你不僅會學到你覺得簡單或直觀的部分，還會學到那些對你來說更難、需要更多時間才能學會的資訊。

支柱三：「所以就像電影《回到未來》的主角穿越時空那樣嗎？」

幫助你理解和記住所學內容的第三支柱是將新知識和你已經知道的東西聯繫起來。當你在兩個資訊之間建立起關聯時，想起其中一個會幫助你想到另一個。你得到的是一個單一、複雜的資訊連結，想到一個就會自動浮現相關的內容，而不是兩個獨自存在的資訊。

幫助你將新資訊與現有的心智模型聯繫起來的兩個技巧，就是找出類比和舉出具體的例子。在這兩種技巧中，我們都需要理解才能找到兩個不相關的學科之間的異同。

支柱四：「給我一點空間。」

最後，大腦需要空間來吸收新資訊。死記硬背是行不通的，因為這樣是把太多資訊一次塞進大腦。我們的系統會超過負荷，無法保留住任何資訊。畢竟就我們試圖塞進所有的東西來說，大腦也是生物的一部分，具有生物的侷限性。

我們天生就知道，運動員需要在劇烈的鍛鍊之間休息，以獲得最佳表現。在學習的過程中，務必要用同樣的方式來對待你的大腦。

閱讀了幾頁，並不代表大腦就吸收了幾頁。沒有睡眠我們就無法正常運作。即使是機器也需要加油和冷卻休息。你也需要休息的空間，暫時放下教材。

要點總結

- 自我學習的過程看似簡單——也就是說，當你除去所有關於自學的迷思之後，剩下的通常就是達到目標的先決條件了。
- 迷思通常圍繞在「先天智力決定你的潛能」、「某些學習方式是必要的」、「某些動機很重要」，或是「根據時間的長短就能知道預定的進步速度」。這些都是有害，讓人失去信心的錯誤觀念，因為它們在告訴你「你做不到」。
- 除了你的意願和一點自律之外，學習並沒有什麼真正的必要條件，但是對於挑戰這種意願和自律有幫助的，是一套計畫：宏觀計畫和微觀計畫。宏觀計畫與你把時間花在學習上的原因有關，而微觀計畫與你每天應該進行的實際活動有關。前者確保你能錨定目標，而後者則確保你達到目標。

2

CHAPTER

自主學習的四大支柱

接著我們就來談談前一章所提到的微觀計畫的本質。包含了四大支柱，但只有在你完成宏觀計畫並且理解你努力的初衷之後，它們才能發揮作用。

有四種方法可以將學習從被動、短暫的經歷轉變為可以傳授學生終身知識和技能的活動。這些方法是：

一、轉換和整合資訊；

二、透過例子和類比思維，將概念與現有的知識聯繫起來；

三、自我評估；

四、給予自己吸收的空間和精力。

將這些方法到你的自學過程中，你就能利用最強大的工具來學習所有類型的資訊。

○轉換和整合資訊

微觀計畫的第一點就是整合資訊，將資訊變成自己的。

當我們將所聽到或讀到的內容用自己的話說一遍，即使有時只是簡單的重新措辭或總結，也會造成巨大的不同。

轉換和綜合資訊有一個更簡單的術語：做筆記。

當然，只對我們所學的科目做筆記是不夠的，畢竟大部分人做的筆記都很糟糕，他們要嘛一字不差地照抄原文，對所講的內容不做任何額外的思考、見解或分析，不然就是寫下拼湊破碎或高度簡略的原文片段，讓資訊變得更難檢索，而不是更容易記住。

這兩種筆記方法都只涉及資訊的單一傳遞，完全沒達到讓你鞏固和加深理解所學知識的效用。

筆記關乎於日後你如何有條理和有系統地看待這個科目，但目前並沒有人針對這一點做嚴謹的分析或辨別。

事實上，筆記不僅僅是筆記——它們是你軍火庫中最好的武器，能讓你的學習和理解事半功倍。

只要在看似簡單的筆記中加入一些結構和事先的考慮，就能大幅改善你吸收和整合資訊的方法。

筆記雖然是用來記錄所學到的東西，但重要的是，它也是你如何看待資訊、如何連結其他資訊及其全部含義的心智藍圖。不要只是做筆記，要和資訊互動，仔細並充分考慮它。

打從一開始就這麼做，就能為成功做好準備。

上述全都證明一個顯而易見的事實：筆記很重要！科學已經證明，手寫筆記是記憶和理解的最佳方法。

彼得法（The Peter Method）

有種強大的資訊轉換方法叫做彼得法。誰發明的？好吧，就是我啦！可以說，我多年來一直在探索和研究學習的過程，並且熟悉所有現存的做筆記模式。這個方法結合了我認為最全面、最有用的系統中的優點。

彼得法使用四個步驟來做筆記，從而加深你對學習科目的理解。比起普通的筆記方法，彼得法的確需要做更多的工作，但這就是它更有效的原因（不好意思，這本書裡永遠不會有任何捷徑，只有更聰明的方法）。

彼得法並不是那種簡單、被動式地筆記術，它會強迫你畫出重點，逼迫你用自己的話擷取出重要資訊。它讓你能夠以一種可靠的、系統性的方式來處理並詳細說明你正在學習的資訊，從而使學習和保留住學習的內容更加容易。

這四個步驟是：一、盡可能詳細地做筆記，二、用你自己的話總結，闡明意義以及記下問題，三、把這一段資訊和整個課程連結在一起，然後四、回答其餘問題，接著再次總結不同的部分。

第一步驟：像平常一樣如實做筆記。

抄下你需要知道的資訊，**但是在每一條筆記下方留兩行空白**。這兩行空間是留給第二和第三步驟處理並分析資訊時要用的。為了能夠記住最多內容，最好在完成課程、看完影片或閱讀完之後立刻進行這些後續步驟。所以，第一步驟就像平常一樣盡可能詳細地做筆記。

例如，如果你正在研究亨利八世國王的飲食，你可以寫下（以下都是為了說明而虛構的資訊）：

亨利國王和他的宮廷一次就吃掉多達二十種不同類型的肉。如果提供低於二十種，被認為是對當時貴族的侮辱。也有提供蔬菜和葡萄酒，但重點在於肉類，因為肉被認為是財富和地位的象徵。

第二步驟：一旦寫下最初的筆記之後，你就可以開始進行真正區分彼得法和其他形式的筆記。

從你剛剛留白，每條筆記的第二行開始，用一個完整的句子總結第一步驟寫下的內容。

重要的是不要只是重抄第一步驟的內容，即使你是用完整的句子做筆記。重點在於**用自己的話，將筆記轉換成有助於你理解其意義的語言文字**。在理想情況下，你可以得到更深的領悟。

請設法在資訊中建立聯繫以及找出關聯。

這並不適用於每種資訊，但是無論如何，還是請這麼做，因為這個動作雖然看起來很多餘，但是「重複」有助於強化腦海中的知識。

強調用自己的話以及連貫完整的句子來重新描述，當中需要你用自然而然的方式處理資訊，並且仔細考慮它的含義，從而使這些資訊在腦海中更加牢固，而不只是單純重複而已。

當你重新改寫前面的例子時，你可以寫：

亨利八世的飲食主要是肉類。在那個時代，富人和貴族期望有很多不同的肉，當提供的種類太少時，他們會覺得受到侮辱。葡萄酒和蔬菜就無關緊要。

在筆記的第二行，你也可以列出對於第一步驟筆記的任何問題。這是你在了解全貌時所需釐清的疑問，所需填補的知識落差。在你進入彼得法的下一步之前，請仔細想想這些資訊可能引導的方向以及所有的含義。無論你能否回答，對這個科目進行深度思考以提出問題，將有助於你記住這些資訊。

你可能會對亨利八世的飲食有疑問，例如：「如此富含蛋白質的飲食對健康有什麼影響？」或是「有多少人每天都要吃那麼多肉，他們是怎麼做的？」或者「相較之下，農民都吃些什麼？」又或者「對其他文化或國家的貴族來說，什麼才是高地位的象徵？」

用螢光筆或不同顏色的筆來突顯這一部分，因為這是你從第一步驟的大腦傾存中提取的實際資訊。事實上，你不太可能再回頭看第一步驟的內容。

第三步驟：在第三行，你留給自己的最後一行空白，寫下你能在筆記主題和自己研究中更廣泛的課題間找到的任何關聯。

如果你發現筆記主題和更大的命題之間具有某種因果關係，請寫在這裡。

如果這項新資訊有助於理解動機因素，或可以將事件連接起來，或使你能夠猜測人們的觀點或看法，也把這些寫在這裡。所有能夠與相關資訊形成橫向連結的事情都應該寫在這裡，這樣連結以及原始資訊就可以持續留在記憶中。

基本原則就是試問這些資訊如何相符，它們為什麼重要？以我們的例子來說，假設這邊的重點在於亨利八世的生平和遺風。為什麼這些關於他的飲食內容和習慣的資訊很重要呢？

所以在這裡你可能會注意到，王室和農民的飲食形成了鮮明的對比，農民的飲食主要來自於他們自己種植的水果、蔬菜，和豐盛的穀物。也許這引起了亨利臣民的憎恨，並且最終將他處死。你或許還注意到如此豐盛、莊重的用餐，可能導致了亨利八世眾所皆知的肥胖。

最後，你還看到了這種奢華顯示出當時貴族是多麼荒謬地富裕。或者這可能只是一個關於他有多富裕的趣聞。

去挖掘這些資訊如何影響整個故事。把它們視為活生生的幕後推手，而不是枯燥的敘述。

第四步驟：彼得法的最後一步是每一頁（或依照適合的分段）都休息一下，寫下第二和第三步驟的資訊摘要。如果你在第二步驟提出的問題仍然適用，也要在此設法解決。

最後一步為你提供了第四次機會來重溫、整合和轉換你從教材上學到的資訊。如果大多數人只回顧一次，那麼你已經用了四種不同的方式做了四次。

如果只說這對你有幫助，那就太輕描淡寫了。這些腦力活動將確保你**真正的理解**，並**記住**學習的內容及資訊的含義。這不僅可以幫助你理解資訊，還可以在必要時幫助你應用和利用這些資訊。

接著完成你對亨利八世飲食的筆記。你寫下：

亨利八世的宮廷要求每餐要吃十種肉。這樣的肉類食用量在當時是不尋常的，因為大多數人根本買不起肉，他們只吃自己可以種植的水果、蔬菜和穀物。這也許就是亨利八世還有像他那樣進食的人過胖的原因。我想知道他們為什麼會有這麼多肉，以及這種飲食對健康還有什麼影響？這樣的支出會如何影響人民對他的看法？

如你所見，彼得法相當重視如何做筆記。當我們在做筆記時，我們不僅是在記錄資訊，更是在創造我們如何看待和理解這些資訊的心智藍圖。

這是我們建立準確而全面的第一印象的機會，所以我們不能用普通的筆記方法來糟蹋它。彼得法可以帶來深度整合的知識集合——這正是資訊得以保留的原因。

如果你想理解並記住所學內容，那麼彼得法就是最好的方法。

○結構化分析（Structured Analysis）

但是彼得法相當費時，從普通的筆記方法升級到彼得法並不簡單。直接跳到彼得法可能會讓人精疲力盡。

因此，我們再來介紹另一種同樣有助於加深和增進理解，但是較不費勁的筆記方法——結構化分析法。

在這個方法裡，我們將筆記分為兩個欄位。左邊是筆記欄，寬度應該是右邊的兩倍，不過這個比例可以按照你的偏好做調整。這個方法的名稱雖然華麗，但其實就是對資訊做另一層的分析。

左邊欄位就寫你平常會做的筆記。從資料中學習到的概念、理論、客觀事實就寫在這一欄。你可以用段落的形式，或是學校裡常教的大綱形式來編寫，標示出各點的相異之處。

右邊是評論欄，在這裡對筆記欄的內容做分析。寫下這些問題的答案：「這些資訊是什麼意思？」、「它們背後表達出什麼？」、「重要訊息有哪些？」

你也可以評論所學理論的優缺點，將正在學習的資訊與你已經學會的東西或生活中的經驗做連結，把你正在學習的概念和其他觀點進行比較。

把筆記和你對該資訊的評論分成兩欄列出，目的在於讓你一眼就能看到資訊內容和你對這項資訊的想法。透過這樣的排列，更容易了解哪些事實和概念導致了哪些考量。藉由不同顏色的筆寫下不同類型的資訊，更可以突顯對應關係，讓回顧資訊變得更加容易。

這個方法比彼得法所花的時間更少，因為它不需要重複好幾次已經寫過的想法（一個是兩次，另一個是四次），但是它也促使你進行同樣程度的批判性思考，去分析和評論每一項資訊。不像簡單的大綱只包含分層的事實列表，結構化分析法提醒你要坐下來思考這些資訊，以及它們與你所學過的或生活中的經歷有哪些關聯。

這會讓你對學習的科目自然而然地有更深入的理解，從而更容易回想並利用這些資訊，不論你正在學習的是一項實用技能，還是之後需要將它轉化成考試答案的內容。

舉個例子，如果你正在讀法蘭茲・卡夫卡（Franz Kafka）的《變形記》（*Metamorphosis*），內容描述一個人變成了蟑螂，你可以把這本書的主要情節和出版資料寫在左邊的筆記欄。也可以寫下任何可能和作者生活相關的筆記。這些是你需要知道的基本事實。

在右邊這一欄，你可以將他的短篇小說與其他有關變形的故事和小說進行比較，比如奧維德（Ovid）的小說。你還可以推測它的哲學或政治基礎和含義，也可以分析這本著作的品質。

以上這些，甚至是更多的評論為你提供了充足的思考素材，而不僅僅是死記硬背學習的內容。就像彼得法一樣，比起單純從教材上摘寫筆記，這個方法會讓你對所學科目有更深入、更扎實的理解。

塗鴉效果（The Doodling Effect）

最後一個讓轉換和整合資訊進行得更好的訣竅，就是利用加拿大滑鐵盧大學（University of Waterloo）麥拉・費南德斯（Myra Fernandes）教授發現的「畫圖效果（drawing effect）」。

她和團隊發現，當人們被要求快速畫出清單上的一些詞語時，與多寫幾次這些詞語相比，他們更容易記住這些東西。

即使花四秒鐘畫一個塗鴉，也比看著一張寫著詞語的圖片或在腦海想像一張寫著詞語的圖片來得有效。

手繪對喚醒記憶有很大的影響；當你創造出視覺畫面時，不僅僅啟動了大腦中負責辨識的部分，和之前的原理一樣——當你越去思考和運用那些資訊時，讓你不得不再次想起，你就對它越了解。

即使是更複雜、更抽象的概念，畫圖也比閱讀或重讀這些詞語的定義更能幫助人們想起它們的含義。

畫圖需要將資訊轉換成新的形式，必須要有一定程度的理解和運用能力。手臂動作、最終成品的視覺表現以及決定要畫什麼的概念過程，似乎都在記憶登錄中起了作用，測試顯示出：抽離這些因素之後，他們的記憶保留程度相對於經歷上述全部過程的學習者的程度更低。

更棒的是，畫得好不好似乎一點也不重要。即使是幾乎無法辨認的圖畫，也能產生和記憶同等的好處——特別是對某些常常想不起自己寫下什麼的老年人來說，但他們跟年輕人一樣，很容易想起畫的東西。

記住，它必須轉換成對你有意義的東西。

如果你想把畫圖效果應用在學習光合作用時，你可以畫一株植物和太陽，從太陽畫一條線到植物，代表來自太陽的能量轉換為植物的養分。這不僅讓光合作用的循環在看圖的瞬間就變得非常清晰並且容易理解，也能透過整合達到綜效。

簡而言之，花幾秒鐘在筆記中塗鴉，是確保大腦登錄學習資訊，比單純書寫還能刺激更多突觸的好方法。

你可以隨意塗鴉，畫得簡單也好，複雜也行。**嘗試以圖像來呈現，代表著更深層的資訊轉換，這一點才是關鍵。**

如果我在這裡沒有提到心智圖（mind maps）的重要性，那我就太不負責任了。心智圖是筆記的圖像表現，顯示出其中的各項關連。

心智圖的建立既簡單又直觀。第一步是提出一個中心思想或主題：「番茄醬」、「修理汽車變速器」、「英國徽章」、「漫威漫畫宇宙」。真的是任何你能想到的主題都可以放在中心位置。

從這裡，你可以畫分支出去，寫下與主題相關的附屬主題。舉例來說，如果你正在研究番茄醬，你可以在第一層以特定的美食類別做畫分——「義大利式」、「墨西哥式」、「西班牙式」、「印度式」、「美式」等等。

我們的想法是繼續畫出與較大概念相關的分支。例如在「義大利式」下，你可以列出源自義大利的番茄醬類型：「馬瑞納拉（marinara）」、「普塔內斯卡（puttanesca）」、「波隆納肉醬（Bolognese）」、「阿拉比亞塔（Arrabbiata）」等等。

在每種醬料類型下，你可以再畫分支，列出它們的材料、烹飪技巧、適合搭配哪些葡萄酒——真的沒有什麼是不能用心智圖分類的。

心智圖的組織過程是增強記憶的另一種方式。關係、連結、層次結構和聯想很容易在心智圖中表現出來。正如我們剛才所討論的，以視覺方式呈現與某個要素的關係、聯想，增加了我們記住的機會。

50-50法則

最後，使用50-50法則可以幫助你轉換並綜合所學的資訊。50-50法則即是把讀書的時間分兩半，前半段閱讀資訊，後半段消化資訊——換句話說，就是自我學習的第一支柱。

後半段才是學習真正發生的地方，所以要確保花時間重複閱讀時不會影響到後半段。整個第一支柱其實就是在倡導50-50法則。

學習不會在我們被動接觸資訊時發生；而是在我們思考和與他人交流知識的時候。

如果你真的不能遵守50-50法則，至少花多點時間在解釋和消化資訊上，而不是額外花時間閱讀和聽別人跟你分享資訊。

如果你有四個小時從一本書上學習新的科目，你應該用兩小時閱讀，接下來兩個小時則拿來思考和消化資訊。

彼得法或結構化分析法的步驟可以幫助你。重要的是深入挖掘並理解新聞常見的經典問題（何時、何地、何人、做什麼、為什麼、如何做）。

如果你不知道該如何思考和消化資訊，與其盲目地重複閱讀，一個行之有效的方法就是「自己教自己」。

當然，你不是真的在教學，而是經歷像教學般的心智訓練。

有人說，如果你不能用簡單的話來表達你所知道的事情，那你就不是真的了解。你花越多時間努力解釋，就代表你越看不清楚事情的全貌。

就50-50法則來說，你不只要能把資訊表達給知識和智能與你不相上下的人。知識真正的考驗在於能用簡單的話向孩子們解釋你所知道的。

你應該要有足夠的概括能力，同時區分出重要的部分。這樣可以防止你躲在幾乎聽不懂的術語後面，迫使你真正掌握這門科目。

例如，當你用「去鹽」（desalinize）這個詞來解釋「去鹽」的過程時，可能表示你並沒有真正了解這個詞的含義。

在準備教學的過程中，你會明顯察覺到自己的知識落差。可能會有一些重要的細節，甚至是整個過程，你都不太了解。這是一個非常寶貴的發現過程。發生這種情況時，就是在告訴你需要回到哪一部分，再更徹底地學習，才能真正掌握這些資訊。一旦你能以孩子都能理解的方式，簡單而徹底地交流資訊，你就會知道自己真正了解了所學的科目。

我們可以從對五歲的孩子解釋並且告訴他摘要開始。內容必須是概括而簡化的，還要避開一些可能會令人困惑的論點。內容會像「X、Y和Z，但不是A」這樣的形式。這種解釋可以說是最困難的，因為你必須從頭到尾全都理解才能將事情化為簡單易懂的描述。

接著對十五歲的孩子做解釋。這會再複雜一些，你也可以開始解釋更加細微的差異。你仍然需要為十幾歲的孩子做歸納。聽起來應該像「X、Y和Z，但有時不是X，有時會是A，有時會是P。」

最後，我們對二十五歲的年輕人做解釋。他是一個成熟的成年人，能夠掌握更深入、更複雜的概念，並且可以將這些概念與他們擁有的其他知識做連結。

這是最簡單的步驟，因為這可能就是你對自己解釋事情的方式。相較之下，你在這裡做的解釋，並不像你對假設中的五歲孩子所說的那麼重要。

如果你經歷了所有三個層次的解釋過程，再來就會變得越來越容易，你會發現辛苦的部分（包括發現自己知道的比想像中還少）已經在第一和第二層次完成。你也可以把整個過程反過來，從最複雜的解釋開始，然後繼續簡化，直到你遇到理解上的障礙。

◎結合嶄新與熟悉的資訊

微觀計畫的第二個要素，牽涉到如何透過我們已知或熟悉的領域來更加了解新的資訊。

想想看，你要如何對一個只懂板球運動的人解釋棒球？大概會是「就像板球一樣，除了A、B、C之外。」這顯然是一個過度簡化的說法，但重點就在這——我們必須從某個地方開始，那為什麼不從我們已經知道的東西開始呢？

如果可以的話，請想像一下，對擬人化的大腦來說，學習會是什麼樣子呢？它被扔進了一片新知識海洋，沒有救生艇，沒有地圖，天空裡也沒有星星。沒有任何東西可以幫助指引或判斷該如何使用這些新資訊和新概念。已經到了夜晚，你身邊沒有任何可以讓自己漂浮的東西。所以最終，你屈服，變得不知所措，然後淹沒其中——這就相當於放棄學習一門新科目。擁有能夠立於其上或定位的基礎很重要——而那就是我們熟悉的事物。

這就把我們帶領到結合新事物和熟悉事物的第一點：類比思考。

類比思考

你要怎麼向一個在該領域一無所知人解釋新的業務？例如你可以說：「這就有點像X版的優步（Uber），除了A、B和C之外。」

當我們為了讓別人明白我們的意思時，我們常常會利用類比來解釋。它們提供了即時的理解和脈絡，因為我們的思想能夠專注在一個單一的概念，然後再慢慢區分出差別，直到完全理解。

當然，透過類比來連結新的資訊和概念也是另一種把學習融入知識庫的好方法。儘管我們的天性如此，類比卻經常被忽略或低估。

某些神經科學家抱持與該假設相反的論調，例如印地安納大學（Indiana

University）的道格拉斯・霍夫施塔特（Douglas Hofstadter）教授則主張，類比是所有人類思考的基礎。

他的論據在於類比讓類別得以形成，而類別是我們區分資訊和概念的方式。這是我們辨別相似性的能力——一種類比的方式——使我們能夠辨別出相似之處，從而對目標進行分門別類。

如果你思考一下我們是如何分類動物的，這個原理就很容易懂了。對外行人來說，貓和狗可能看起來很像。牠們都有毛、四條腿和一條尾巴，但牠們不同的臉、飲食以及演化而來的特徵使我們能夠將牠們區分開來。牠們是可比較的動物，彼此類似，但更接近於牠們自己的物種，這就是為什麼我們可以把牠們分為狗和貓。這意味著我們永遠不會用狗來描述貓，反之亦然。

甚至更複雜、更高層次的想法也是透過類比來形成的。想想更抽象的哺乳動物群。這一群體將狗和貓進行比較，同時將牠們視為相似的動物，但也包括鴨嘴獸、海豚和負鼠。沒有人會看著海豚，相信牠和家貓類似，但是科學分類相當清楚。哺乳行為、有毛髮或毛皮以及屬於溫血，是被歸入哺乳動物群的唯一標準。如果牠們具有這些特徵，那牠們就是哺乳動物。

把這些標準聚集在一起，我們就可以得到哺乳動物更高層次的概念，從而使我們能夠辨別哪些生物符合要求。我們簡化為哺乳動物一詞的這組標準，就是讓我們將海豚和鴨嘴獸視為相似動物的原因。

我們的理解，以及我們用來描述世界的類比，會隨著年齡的增長而逐步演變，同時也受到我們生活上和文化中的思想所影響。但無論我們學習什麼，都必須經過大腦的過濾，大腦透過在目標對象和我們已知的概念之間形成類比、辨別它們的差異來對世界進行分類，從而理解世界。當我們在學習新資訊時，有意識地辨別和創造類比，我們就加快了新知識融入大腦的過程。

既然我們已經談到了類比的整體認知作用和重要性，那我們要如何利用它才能達到有效的自我學習和深化理解呢？

正如我們所提到的，類比提供了即時的脈絡——你所研究資訊的心智模型——接著你就要慢慢區別不同之處，並充實細節。

例如，我們之前提到過，新業務經常被稱為「X版的優步」。「優步」是一家共乘公司，透過打電話給非計程車的司機，利用他們的私家車提供載客服務。因此，任何被稱為「X版的優步」的事物都意味著涉及擁有自己汽車，用來運送貨物或載客的人。好的，我們現在有了一個心智圖像，能夠了解其中涉及的內容、目的和運作方式。

現在，學習的重點來了——你要如何區分它和優步？哪些細微的因素使它不會成為優步？這項要素，以及你要拿來跟新業務比較的對象，完全取決於你。

當你接觸一項新資訊，要建立一個可以跟它進行類比的事物時，你得先找到一個相似的資訊模型，這需要足夠的理解才能比較和對比兩方的概念，以及更進一步理解這兩個模型，以便能夠說明它們的不同之處。這就是深度學習的綜效。

舉例來說，如果你想要針對學習建立新法的步驟來建立類比時，該怎麼做呢？遵守上述的兩個步驟。

首先，找到一個既有且已經熟悉，讓你在建立新法時的程序會想到的資訊。搜尋記憶中類似的東西；這種主要和次要因素的分析有助於你的記憶。

接下來，找出它們有哪裡不一樣？在深刻了解的基礎上，你可以在這裡清楚表明概念之間的差異。挑出一些小細節，注意到它們看起來很相似，卻來自完全不同的動機。將這一切對建立新法的意義記錄下來。

這不僅僅是一個比較兩個不同概念的思考練習——而是把新舊資訊結合起來，使其互動，以提高理解力和記憶力。

利用具體的例子

另一個把新舊知識結合起來的技巧，就是創造具體的例子來處理抽象的概念。這個方法很有用，因為抽象概念常讓人覺得很模糊，難以理解。

人類的頭腦天生會記住我們看到和聽到的具體事物，而不是理論性的抽象概念。這意味著找到具體例子來表達抽象概念，是將抽象概念具體化並讓它更易於理解和記憶的最佳方法之一。

舉一個簡單的例子，假設你正在學習供需法則，你的課本或課堂上可能會有一些具體的例子，但你有沒有可能從自己的生活中舉出例子？

還記得上次在旅遊旺季時，你想要在某個城市預訂飯店的情形嗎？那個價格是天文數字，付錢的時候你都快昏倒了。這是因為需求量很大，所以供給量在減少。這些因素導致價格上漲，因為在供不應求的情況下，市場需求支撐了價格上漲。

就你所學到的概念，自己完成這個過程。你可能無法為所學的每一件事都舉出具體的例子，在這種情況下，你完全可以用假設的方式來舉例說明。例子可以強制應用，學習的有趣之處在於，在嘗試使用之前，你永遠不會知道自己不知道的東西。

就像學習如何踢足球一樣，必須靠我們自己去找答案，再多的閱讀也無法取代親身的體驗。

一個具體的例子往往是我們能夠獲得最接近所學資訊和概念的地方。讓例子變得對你有意義，你就永遠不會忘記。

和類比相似，建立一個明白易懂的說明性例子，必須要有深刻的理解。

只要經歷這個過程，你就會發現知識落差，同時迫使自己重新審視對資訊的整個理解。

假設你對重力理論感到困惑，那就舉個例子：如果你從一棟大樓的二樓、三樓和四樓跳下來的話，你會有多快掉到地上？想像你的胃湧向喉嚨的實際感覺，你就可以知道重力的速度（每秒九點八公尺）有多強大。

重力理論幾乎總是用艾薩克・牛頓（Isaac Newton）想像一顆蘋果掉在他頭上的例子來說明，以非常真實的例子說明重力對一切的影響。

無論是什麼樣的概念，尤其是你想不透但努力想搞懂的，都請建立自己的具體例子。

例如，勇氣的心理狀態被定義為「做讓人害怕的事情的能力」。這相當抽象。我們要怎麼解釋才能更加明白呢？

一個顯而易見的例子是，士兵明知要冒生命危險去打仗，卻無論如何都要勇敢地戰鬥。另一個更容易理解的例子是，我們在面試或第一次約會之前和過程中感受到的焦慮，我們都吞下這種焦慮並堅持到底，希望抓住新的機會。這個例子特別有用，因為它將抽象的概念與學習者能夠記得並且產生共鳴的經驗連結起來，因為近乎大家都有類似經驗。例子對我們來說越具體，我們就越能感受它帶來的影響。

儘管並非所有的例子都是完美的，但它們增加了我們理解的深度並賦予意義，同時將抽象的概念整合為我們容易理解和記住的想法。

自我測試和提取練習（Retrieval Practice）

提取練習使我們努力回想並深入挖掘記憶，同時也是真正學習的最有效方法之一。它是自我學習的第三大支柱。

我們通常認為學習是我們吸收進入大腦的東西：老師或課本對我們吐出事實、資料、方程式和字句，而我們只是坐在那裡收集。這只不過是累積——一種非常被動的行為。

這種學習方式帶給我們的知識並不會保留太久，因為即使得到它，我們也沒有針對它做其他動作。為了獲得最好的結果，我們必須讓學習變成**積極的行動**。

這就是提取練習發揮作用的地方。提取練習不會將更多的東西放進我們的大腦，而是幫助我們從大腦中將知識提取出來並加以利用。這就是為什麼它能鞏固記憶的原因。這種看似細微的思考變化大幅提升了我們保留和記住所學知識的機會。

每個人都記得小時候的閃示卡（flashcards）練習。卡片正面寫著數學方程式、單字、科學術語或圖像，背面則是「答案」——解答、定義、解釋或者任何學生應該說出的答案。

閃示卡的概念就是源自於此。這既不是什麼新方法，也不會很複雜，它只是在某個圖像或描述（卡片正面）提示時，讓你回想起已經學到的知識（背面）。

提取練習是提高並保存記憶的最好方法之一。儘管它的核心概念非常簡單，實際上的運用並不像被動地使用閃示卡或瀏覽自己寫的筆記那麼簡單。相反的，提取練習是一種積極主動的技巧：真正地奮鬥、思考、消化所學，最後達到在沒有提示的情況下，回想起這些資訊——其中大部分是我們在本書討論過加速學習的東西。

普賈・阿加瓦爾（Pooja Agarwal）針對參與中學社會課程一年半的學生做研究，並於二〇一一年結束。

這項研究的目的在於判斷定期安排的考試以及無數次的小考（基本上就是提取練習）對於學習和保存記憶的能力有什麼樣的幫助。

社會老師並沒有改變他的教學計畫，還是照以往的方式指導。學生們得定期參加研究團隊根據教材設計的小考，並且明白小考的結果不會影響他們的成績。

這些小考只涵蓋老師教學內容的三分之一，而在學生考試時，老師也必須離開教室。這樣老師就不知道考試涵蓋的範圍。在課堂上，老師照常上課和複習，不知道哪些內容會出現在試題中。

這項研究經由單元結束後的考試來測量，發現驚人的結果。學生在有小考所涵蓋部分（即教學內容的三分之一）的得分，比這個不影響最終評分的小考沒有涵蓋的部分，整整高出一等級的分數。

只是偶爾進行測試，沒有要求正確答案以提高整體成績的壓力，實際上卻幫助學生學習得更好。

阿加瓦爾的研究，讓我們了解到哪種題目對於學習最有幫助。讓學生必須從頭回憶所學的問題，比有選項可供選擇的選擇題或是非題更能幫助學生學習。

在沒有文字或圖像的提示下，回想起答案的積極努力提高了學生的學習和記憶能力。

提取練習的主要優勢在於，它鼓勵學習者主動付出努力，而不是被動吸收外部資訊。

如果我們把概念從大腦中抽出來，它會比不斷地放概念進去更有效。學習來自於把我們所學到的東西加入我們的知識庫，並在稍後的時間提出來使用。我們之前提到過，閃示卡就是從提取練習衍生而來。但閃示卡本身並不是策略：你有可能在運用卡片的同時，沒有執行到真正的提取練習。

許多學生在使用閃示卡時不夠積極：他們看到提示，在腦海裡回答，告訴他們自己是知道的，翻過來看答案，接著就換下一題。然而，要將這一點付諸實行，需要花幾秒鐘的時間才能真正想起答案，並且最好在翻到背面之前就大聲說出來。這種差別看似細微，但卻很重要。

在進入下一題之前，透過實際的記憶提取並且說出答案，學生們將從閃示卡中獲得更多益處。強迫自己使用閃示卡和練習測試，將會讓你發揮記憶最大的潛力。

在現實世界中——沒有課堂外的老師、預先做好的閃示卡或其他輔助——我們要如何將所學知識重新用於提取練習？有一個好方法，就是擴展閃示卡的使用，讓它們能夠產生「互動」。

根據我們小學時期的經驗，閃示卡的使用方式大部分都很單調。改用另一種方法來處理卡片背面的內容，你可以將閃示卡調整為適用於更複雜、更實際的應用或自學。

當你在學習工作或學校的教材時，請製作正面寫著概念、背面寫上定義的閃示卡。完成之後，製作另一組說明在創意或現實生活的情況下，如何再改造這個概念的卡片。下面是一個例子：

- 「只用一句話來重寫這個概念。」
- 「寫下一個展示這個概念的電影或小說情節。」
- 「用這個概念來描述一個現實生活的事件。」

•「描述這個概念的反面。」

正如專家所說，探索記憶提取的可能性是無限的。記住，你的目標是要求自己進入記憶，顯示資訊，然後再把它們放回去。

為了充分利用你的閃示卡，請製作兩組卡片。第一組只包含定義和單一概念：看到一個詞的提示，說出一個詞或一個句子的答案。

第二組閃示卡包含這個概念的資訊越多越好，讓你可以在一個詞的提示下，回想起所有這些資訊。

這也被稱為分段（chunking）資訊，它有利於短期記憶（平均只能保存七個項目），將資訊記為一大段，而不是較小的單獨部分。這意味著，當你把更多的資訊放在每張卡片上時，這組資訊就變成了一項而不是五項。

當你練習閃示卡時，把弄錯的那幾張放回卡片堆的中間或前面，以便你能更快、更頻繁地看到它們。這可以幫助你迅速解決錯誤並將它們記住。

利用這些練習可以提取出更多你自己創造的概念資訊。以創意的敘述或表達來呈現這些概念，可以幫助你在現實生活中更加理解它們。

使用閃示卡來進行提取練習非常簡單，基本上就是測試自己。當你稍微努力地從記憶中挖掘資訊，進行記憶提取時，你會發現這些資訊牢牢地附著在腦海中。製作更詳盡的閃示卡，寫下能夠測試理解和知識極限的提示資訊。重要的是，不斷地把資訊提取出來，這會大大地提高你的記憶力。

吸收需要空間

最後，我們來到微觀計畫的第四支柱：空間。

吸收需要空間。如果能有幫助的話，可以把我們的大腦和記憶庫想成消化緩慢的胃。胃一次只能消化那麼多食物。就算你強制進食也於事無補，最後它只會拒絕或忽略多餘的食物。無論你如何按摩你的胃或嘗試跳上跳下來啟動消化液都不重要。胃的容量就是那樣，沒辦法改變。

大腦的容量也是一樣。這就是為什麼填鴨的方式沒有用，同時也是臨時抱佛腳注定要失敗的原因。

為了以實際上有用的方式來適當學習和吸收，我們需要以**緩慢而穩定**的速度將資訊輸入大腦，讓大腦消化；其他方式都會導致多餘的資訊被拒絕、排斥或完全忽略（更不用說我們的大腦因學習而消耗的大量能量）。

我們也可以把大腦想成頂尖運動員——即使是菁英也有他們的極限，他們會因為過度運動造成的筋疲力竭而累倒。

如果我們不能透過切實控制我們學習的速度來管理我們的精力，我們就無法保存這些資訊，這會讓我們花在學習的所有時間都變成一種浪費。

這些都是我們需要考慮的，這就是為什麼更多不一定就是更好，以及為什麼我們經常聽到人們說「更聰明地思考，而不是更努力地思考」的原因。

最能體現該句格言的方法之一就是「間隔式複習」。

○間隔式複習（spaced repetition）

間隔式複習——也就是所謂的分散練習（distributed practice）——就是字面上看起來的那樣。

為了要記得更多並保存這些內容，你需要將練習或接觸教材的時間，盡可能間隔開來。

換句話說，如果你每天花一小時學習知識和技能，而不是在一個週末花二十小時，你就能學得更好。同樣地，研究顯示，一天讀二十次，遠不如七天讀十次來的有效。填鴨帶來的效果也不過如此。

這說明了什麼？間隔式複習的概念是，**對學習和記憶來說，每天花五分鐘遠勝**

於每週花一小時。當你著重在學習的頻率而不是持續時間，甚至是強度時，你就會學得更好。

專注於持續時間的長短通常會變成為了行動而行動，並且常會對你的目標造成不利的影響。

我們可以再次把大腦想成肌肉。肌肉不可能一直鍛鍊，然後在幾乎沒有時間復原的情況下，馬上恢復運作。

你的大腦需要時間去建立概念之間的關聯，創建肌肉記憶，以及熟悉一些事物。事實證明，神經連接發生在睡眠時，而且不僅僅是思想上的。突觸（synaptic）連結和刺激樹突（dendrite）也同時在進行。

如果運動員在一次的訓練中鍛鍊得太過頭，就像你可能很想學習一樣，那麼會發生以下兩種情況之一：運動員要嘛筋疲力盡，後半段的訓練也沒用了，要不然就會受傷。

休息和復原是學習時所必須的，有時候並不需要努力。

當你著重在頻率時，突然之間你就有了清楚的結構來安排你的練習。如果沒有適當的計畫，大多數人只會學習、練習到他們的眼睛或手指頭開始流血，筋疲力盡而倒下，但這只是努力工作，並不是聰明工作。如果你依照間隔式複習的方式，你就會為自己訂出最佳學習日程表。

我們來學習一個困難的主題：西班牙歷史。如果你在學習這個主題時有困難，那就意味著你應該更頻繁地學習。從週一到週日，如果只在意學習或練習日程表裡頭的學習時間長短那就太嚴苛了。我們來看看一個著重頻率的最佳日程表可能長什麼樣子：

星期一早上10：00

了解西班牙歷史的基本事實。你累積了五頁筆記。

星期一晚上8：00

複習西班牙歷史的筆記，但不要只是被動地複習。一定要試著從自己的記憶中回想內容。和單純地重讀、複習相比，回憶是整理資訊更好的方法。這可能只需要花二十分鐘。

星期二早上10：00

盡量不看筆記去回想內容。在第一次嘗試主動回想起盡可能多的內容之後，回顧你的筆記，看看遺漏了哪些部分，記下需要更注意的地方。這大概只需要花十五分鐘。

星期二晚上8：00 複習筆記。這會花十分鐘。

星期三下午4：00 再次嘗試獨立地回想起內容，完成後只看筆記，看看還遺漏什麼。這只會花十分鐘。千萬不要跳過任何步驟。

星期四晚上6：00 複習筆記，這需要花十分鐘。

星期五早上10：00 主動回想。這需要花十分鐘。

看看這個日程表，注意你每週只多花了七十五分鐘學習，但你已經完成了整個課程六次。

不僅如此，你可能還把大部分的內容都記下來了，因為你使用了主動回憶，而不是被動地複習筆記。即使你花多一點時間做得更徹底，把總時間增加一倍到一百五十分鐘，這仍然是你以前花在做更少事情上的一小部分。

如果你著重頻率，而不是讓自己毫無計畫地學習，那麼你在短時間之內可以完成的事情將會令人驚訝。安排相對短一點的時間可以讓自己永不鬆懈，如果你要為一項任務安排大量的時間時，這麼做可以防止你陷入懶散。

你已經準備好下週一的考試了。事實上，你已經準備好週五下午的考試了。間隔式複習讓你的大腦有時間消化概念，並且因為複習而建立起概念之間的關聯和跳躍。

想想看，反覆接觸某個概念或技能時會發生什麼事？前面幾次接觸時，你可能不會發現什麼新的內容。但是當你對它越熟悉，不再敷衍應付時，你開始以更深層的角度來檢視並且做延伸思考。你開始把它和其他概念或資訊聯繫起來，不再停留於表面的理解。

完全沒有不用動腦的部分。整個過程必須是積極和投入的——這只能在短時間內的迸發進行。閃示卡在這方面特別有用，尤其是當你不斷地洗牌，讓它們以不同順序排列時。

每次複習時都從不同的地方開始也會有幫助，這樣你就可以有各種順序，不會每次都讀到同樣的部分。這樣做的目的是讓你一天接觸很多次，也能保持新鮮感並且轉換思考的角度。

所有這一切都是為了把資訊從你的短期記憶推到長期記憶中。這就是為什麼死記硬背或是臨時抱佛腳並不是一種有效的學習方法。

因為缺乏複習和深入的分析，幾乎沒有什麼內容能進入長期記憶。此時，這些內容只會成為機械式的背誦，而不是我們之前討論過的概念學習，它們注定會更快地消失。

希望從現在開始，與其斟酌要花幾個小時學習，不如去衡量你學習的次數。把提高複習頻率作為你的目標，不一定要延長學習的時間。理想的情況是兩者兼具，但研究間隔式複習的文獻清楚地表明，喘息的時間更為重要。

間隔式複習通常有兩種用途。你可以用它來進行初次的學習，也可以用它來防止遺忘，確保事物留在你的腦海裡。

上面的例子著重在初次的學習，而用來防止遺忘、單純記住事情的日程表，看起來會更輕鬆一些。它會策略性地觸及足以使你牢記在心的資訊，但又不至於浪費時間或達到報酬遞減的程度（也就是當你已經記住的時候）。

例如：星期一中午十二點、星期三中午十二點、星期六中午十二點。我們的大腦不一定想記住超過必要的內容，它們會在第一次機會出現時丟棄資訊，所以間隔式精力恢復，遠勝於一天中的一大段的時間。

想像一下花園裡有一條小路，隨著時間流逝而磨損。這條路是你大腦中的一段記憶，需要一定次數的重複才能變得夠深，才能獨自成立。即使是幾次重複，也會對道路的清晰程度和存續的時間長短產生巨大的影響。

如果你的時間很緊迫，那你只需要知道，學習兩次比一次好，屢試不爽。如果你想立刻提高自己的記憶力和技能，在一天結束睡覺前複習十五分鐘。要比別人搶先一步，在學習上先馳得點，這麼做是必需的。萬一你在尋找間隔式複習和頻率最佳化的逐步指導方針，這裡有四個要點：

一、複製我的西班牙歷史學習計畫。一週七次聽起來很多，但事實上，最後只多花了一到兩個小時。這可以幫助你保持專注，並利用大腦偏好的方式來吸收資訊。根據你是處於初次學習階段還是「牢牢記住」的階段來調整計畫。

二、優先考慮頻率。至少每天一次，但理想上是一週內每天兩次。依照你可以閱讀、複習的次數，而不是花費的時間來衡量。同樣地，根據你是處於學習階段還是「不要忘記」的階段來調整。

三、每次都要專注於學習教材，不要只是敷衍了事。你必須創造不同而具有創意的方式來一遍又一遍地看待同樣的東西。就如之前提到的，你可以利用不同的起點、另一種閃示卡、不同的方式一遍又一遍地閱讀同一份教材。在這裡改變你進入學習的方法。

四、測試自己。不要跳過任何部分，也不要只是複習、閱讀或辨識。如果覺得太簡單，那你就不是用最佳的方式在學習。

強度、頻率和持續時間

我們會繼續使用大腦像肌肉的比喻，因為這可以充分說明我們如何建立微觀計畫。我們應該在日程表中安排吸收的空間和休息的時間；間隔式複習說明了為什麼它有效，但接下來這一點會告訴你，為什麼這樣做是絕對必要的。

為了更好理解我們大腦的脆弱和疲勞程度，想像一下你每天有一百個單位的精力。對於我們之中的某些人來說，甚至一個月只有一百個單位。我們能花在學習上的精力是有限的，而這已經低估我們在社交互動、工作和身為一個人類所必須消耗的精力了。

那麼，你要如何調整自己的步調，從而有效學習並且避免筋疲力竭呢？**你可以透過控制三個要素來節省精力：強度、頻率和持續時間。**

相較於簡單、容易學習的內容，密集、費力的學習消耗精力的速度更快。同樣地，每次學習都會消耗你的精力，而更頻繁的學習會更頻繁地消耗你儲存的精力。

每一分鐘的學習都需要更多的精力來讓你往下，不管學習的內容有多簡單。因此，長時間的學習不可避免地會消耗很多精力。

學習的強度、頻率和持續時間都必須加以管理。你可以平均分配三十三個單位的精力給每個項目，但這會讓你很快地變得疲憊不堪。

強度可以根據學習主題的難度來確定，但大多數的時候，強度更取決於你在規定的時間內，需要花費多少精力才能達成目標。閱讀的強度沒有那麼高，但練習測試就非常強烈。你可以藉此衡量你的期望——如果你只是想過關，就不用那麼激烈；但如果你想要達到完美，可想而知就得付出更多努力。降低期望就降低了你的壓力，學習過程就不會那麼疲累。

學習頻率是你在設定進度期望時需要考慮的第二因素。每次學習都會消耗你一點精力，學習的主題越困難，你所儲備的精力就會消耗地越快。如果你打算在每一次的休息時間都進行學習，到頭來過了頭，未必是件好事，因為你的大腦可能得不到整合新知所需的休息時間，當然空間也是。我們的大腦需要休息才能正常運轉！如果你覺得精疲力盡，已經無法思考，那你可能學習得太頻繁，應該放慢一點。

時間長短是為了避免腦力枯竭而必須控制的最後一個因素。每次學習的持續時間越長，到最後你的學習效率就越低。若學習時間真的太長，大腦就會在期間或結束時停擺，變得幾乎不可能再理解或整合新資訊。

記住，人類儲存的能量是有限的。我們不能指望在一段學習時間內，花費超乎自己所擁有的精力。更短、更頻繁的學習時間通常能讓大腦休息和恢復，以發揮最大的進步空間。請按照這些規則來制定計畫。

為了利用「吸收需要空間」的特性，當你在學習時，一次最多只能著重於三個因素中的兩個。總共有六種排列組合，但三個因素都考慮的話，會讓你精疲力盡，大腦也會變成完全無法吸收的狀態。

例如，如果你只著重在強度和頻率，那麼每天幾次高強度的學習將會讓你的身心得到適當的休息，並且融會貫通。為了將強度和頻率提高到下一個層次，每天安排幾次測驗，一次五分鐘，測試自己學習了多少。

你幾乎忽略了持續時間這個因素，但由於這些短時間的學習是如此高強度又頻繁，因此你最終會學到更多。

如果你想延長學習的持續時間，就必須降低強度或頻率——例如每三天兩個小時。為大腦留出所需的空間，就可以達到你想要的結果。

你可能專心一志，但大腦卻無法配合。管理你自己的學習時要記住這一點，安排自己的學習計畫時也要考慮到這一點。

我們來看看傑瑞的例子。傑瑞熱愛哲學，他閱讀原始資料已經有好幾年了，也沒有被歷史上大多數偉大的思想家嚇倒。

接下來要研究的對象是黑格爾（Hegel）。黑格爾有點特別。從歷史上來看，他曾經被詬病故意使人感到困惑。也就是說，他的概念，一旦你搞懂了，就知道它並不複雜，但他卻常用兜圈子的方式寫作，以最複雜的方式傳達他的見解。

這使得他的想法很難理解，也就意味著對他的任何研究都會是高強度的——這將會快速消耗學生的精力，因為需要消耗大量腦力，才能弄清楚他在一篇篇冗長的文辭中所要表達的內容。

但傑瑞心意已決。他每天晚上空出幾個小時，坐下來，把書放在面前。他聲稱：「我要每天晚上讀一章，而且應該很快就會讀完。」

他讀啊讀，不斷地讀。一開始，他經常停下來做筆記。他留一些空間來補充自己的想法，偶爾也會記下所讀段落的含意，以及文章帶給他的其他想法和疑問。

這是在學習的一開始，他進行得很順利。他甚至享受這個過程，因為傑瑞就是這樣。

但半個小時後，他注意到自己的注意力在飄散。他發現自己分心了。他在想，晚餐要煮什麼？朋友在做什麼？還有他是不是需要洗衣服了？每次一分神，他都下定決心要更加努力，但是這種干擾發生得越來越頻繁。

他堅定地瞇起眼看著頁面，越是逼迫自己，挫折感就越強。隨著他繼續讀下去，每一頁所花的時間比上一頁更長。

又過了二十分鐘，他發現文字在腦海裡一個個溜走。黑格爾說了什麼？他為什麼無法理解到足以寫下筆記呢？答案很簡單：他把自己逼到精疲力竭的地步，沒有人能在這種狀態下學習。他的學習強度，對於他想追求的高頻率、長時間的學習日程表來說實在是太高了。

隨著時間的推移，你將會找到自己的恰到好處區域：學習強度不會過高，次數不會太頻繁，每一段的學習時間也不會太長。

一旦找到了，就能在三個因素之間取得平衡，發揮最大的學習潛能，同時避免疲憊不堪、筋疲力盡的狀況。

記住，你的教材內容越複雜，就需要花更多的時間來學習。每一次學習時段越長，兩次的學習時段之間就需要間隔長一點，以確保完全消化和吸收所學。

你可以結合強度、持續時間或頻率，但無法三者兼顧。不要讓自己過度勞累，否則學習新的知識、獲取你想要的新技能將花費更長的時間，也會經歷不必要的沮喪。

記住，如果你想達到你的目標，要更聰明地學習，而不是更拚命地學習。

要點總結

- 在第一章中，我們介紹了一個概念：其實自我學習並沒有真正的必要條件。這消除了大部分關於學習和大腦如何運作的迷思，這是件好事。唯一真正需要的就是一個確保你有在逐步實現學習目標的計畫。
- 本章介紹了微觀計畫的四個要素，也就是除了閱讀、聆聽和觀看之外，我們實際上應該做些什麼。我們與資訊產生的互動就是學習本身，並且必須帶著目標來運用下列的方法。
- 微觀計畫的第一個要素，是將資訊轉換成對我們有意義的內容。這是另一種與資訊產生互動非常有效的方法。大多數人似乎透過耳濡目染，被動地吸收資訊，但這充其量是效率不高的。當我們僅僅將資訊或概念用自己的話表達出來時，即使只是透過重複的動作，我們處理資訊的方式就產生了變化。我們可以透過四步驟彼得法（做一般的筆記，總結筆記並提出問題，將資訊與主題聯繫起來，考慮整個脈絡並再次總結）或結構化分析筆記法來做到這一點。塗鴉或畫畫對於幫助理解有顯著的效果，同時也與心智圖的運作方式密切相關。最後，我們得出了一個指導原則：學習時，我們的目標是不要花超過百分之五十的時間在閱讀，而是將更多的時間用於消化和分析新的資訊。

- 微觀計畫的第二個要素，是將新的資訊和概念與我們熟悉的事物結合起來。這個步驟也許不是自然而然的，但是用類比的方式思考，用獲得的資訊創造具體的例子，將會增強你的理解力。這需要對所學內容有更深的概念性理解，此外，這也可能挖掘出更細緻深層的知識。當你能夠用新的資訊來類比和舉例時，就顯示出你對它的熟練和掌握。

- 第三個要素是自我測試和練習從大腦中提取資訊，而不是把資訊塞進大腦。這可能違背直覺，但我們參加小考的次數越多，我們就越能記住並學得越好。這被稱為「提取練習」，因為你就是在提取資訊。雖然這主要是透過閃示卡來練習，但首要的教訓就是我們必須主動努力。你越努力奮鬥，就學得越深，也記得越深。當你強迫自己去學習的時候，你才會真正學到東西，沒有別的捷徑。

• 微觀計畫的第四個元素是謹慎使用你的腦力和體力。大腦就像肌肉，它無法整天整夜工作之後，還能正常運作。可以幫助防止這種情況的主要技巧之一就是間隔式複習，它要求你著重在學習的頻率而不是持續時間。事實證明，這比大多數其他傳統的學習時間表更有效。其實，當我們為自己預留吸收的空間時，應該注意三個因素：強度、頻率和持續時間。我們一次最多只能專注於兩個，所以請確保不要讓自己陷於失敗和疲累不堪的境地。

3

CHAPTER

學習策略

克拉麗斯的公司正在舉辦一場慈善拍賣會，替該組織籌集資金。

克拉麗斯的職責是搜索組織的紀錄，根據他們過往與組織的互動，找到可能的捐贈者，將這些名字與潛在捐贈者的聯繫資訊收集在一張名單上，並發信給符合條件的每一個人，邀請他們參加活動。

這個任務很簡單，但克拉麗斯被告知，要把這項任務加入她本來已經排好的工作量上，儘管這個工作量還可以控制，但一整天下來，她幾乎沒什麼多餘的時間。兩個星期以來，她每天上班並且完成日常工作。但老實說，她的注意力集中時間很短，每次都專心不到十分鐘就要查看手機。

她心有餘而力不足，因為壓力阻礙了她的思緒，讓情況變得更糟糕。

她多休息了幾次，試圖恢復鎮靜，看看有沒有好轉的希望，但永遠都沒辦法達成。

她被其他工作分散了注意力，等了太久才去處理。她永遠也不會在郵件寄出截止日前完成清單。

最終，她向老闆坦承自己做不到這項任務，需要辦公室裡其他的人幫助才能及時完成。

因為克拉麗斯不知道如何有效地管理自己的注意廣度並集中注意力，所以她未能完成自己的任務，拖慢了整個團隊。

管理你的注意力週期

儘管學校的課程可能會持續一個小時或更長的時間，但人類並不擅長將注意力長時間集中在一件事情上。

從生物學的層面來說，我們習慣於在短時間內注意多個事物，而非關注單一目標。當然，我們可以將其歸因於這讓我們能一嗅到危險就逃跑，以求保命，因此我們會有這樣的傾向。

這在生物學上導致了短暫的注意力週期，我們必須學會在學習過程中正視這一點。

多項研究調查了我們的注意力週期到底有多長。

在一項早期的研究中，科學家注意到，學生在課堂上的所做的筆記品質，隨著課程的進行而下降。這使他們認定人類的注意力週期是十～十五分鐘，過了這段時間之後，我們就很難再專心。

另一項研究則利用受過訓練的觀察員來觀察學生在課堂中注意力的下降。他們注意到有三個地方出現了注意力不集中的高峰：最初的適應期、課堂開始後十～十八分鐘、課堂快結束時。

確實，在最後十分鐘裡，他們注意到學生未能像每三～四分鐘集中注意力一次那麼頻繁。

他們的結論是，**注意力會隨著時間的過去而下降，並且在開始時會有一定的適應期，在此期間我們特別容易失去注意力。**

第三項研究提供學生們點擊器，要求他們發現自己注意力不集中時按下點擊器。這一次，研究人員讓學生參加三種不同類型的課程。一些學生參加純聽講的課程，另一些學生需要注意課堂上的示範，還有一些參加會進行問答的課程。

每個學生，不管他們上的是哪種課，都被發了一個上面有三個按鈕的點擊器。按下一個按鈕以記錄注意力下降一分鐘或更短的時間，按下另一個按鈕以表示注意力下降二~四分鐘，按下最後一個按鈕以顯示注意力下降五分鐘或更長的時間。然後將這些數據反映到學生參加的課程種類，觀察課程風格如何影響學生的注意力。

他們發現，大多數的注意力下降都不到一分鐘，表示學生更容易短暫失神，而不是長時間的分心。

學生大部分時間都很專心。

他們還發現，注意力下降來得比之前研究預期的十分鐘還快。漫不經心的情況在下面幾個時間點激增：到達教室三十秒後、適應期間、上課開始四分半～五分半鐘、上課開始七～九分鐘、上課開始九～十分鐘。

隨著課程的進行，整個班級的注意力以這樣的模式持續消長，雖然在快下課時較多注意力下降的狀況，但每兩分鐘就可以觀察到注意力不集中的高峰。

也許這項研究最有趣的發現是，科學家們注意到，加入示範活動和進行問答的課程，少了很多注意力下降的情況。

當學生們更積極地參與課堂體驗，而不是被動地聆聽時，他們會更頻繁、更長時間地投入其中。

在上聽講課程之前，先上一堂這類型的課程，甚至讓聽講課變得更簡單，並且發現這些學生注意力集中的時間更長，出神的情況也更少了。

主動學習似乎吸引了人們的注意力，並為隨後較被動的學習課程帶來了新鮮感。

簡而言之，人類的注意力週期確實短得可笑。不論這些數據或研究有多少瑕疵，人們都清楚地知道，差別只是幾分鐘的問題。

但我們不必聽任這般命運的擺布；我們不會一直受限於短時間的注意力週期。透過積極和有趣的學習方法，我們可以把注意力下降變得微不足道，並且徹底改善我們的學習成果。

請把這部分視為前一章建議你必須把精力多寡加入考慮的延伸。事實證明，我們的學習能力幾乎從不受限於我們有多少時間，反而更常受制於我們的精力和注意力。

番茄和朋友

番茄鐘工作法（Pomodoro Technique）是一種可以幫助你克服分心並訓練自己進入高度專注狀態的方法。更棒的是，這個方法會提醒你偶爾休息一下，以保持敏捷的思緒，並且大幅提升你的工作效率。

番茄鐘工作法是由身兼開發人員、作家、企業家的法蘭西斯柯・西里洛（Francesco Cirillo）於一九九〇年代發明的。他發現，如果把自己的工作日程表分成幾個小部分，並由番茄形狀的計時器計時，那麼他專注於工作的能力就會提高。隨著時間過去，他甚至發現自己的注意力週期變長，能夠在更長的時間內專注於單一項目。

不僅如此，定時且安排好的工作制度也提醒他要經常休息，這增加了他的工作動力，也提高了他透過創意方式解決問題的能力。

因為番茄計時器促使整個過程變得更加容易，因此他以番茄來命名，把這個技巧稱為「番茄鐘工作法」。

如果你想提高工作效率，提升專注力，同時又有休息和恢復的時間，番茄鐘工作法可能就是你的理想選擇。方法如下：

首先，選擇要完成的任務。

如果你有好幾個任務要完成，或者任務為期甚長又很複雜，那麼你需要把工作分解成幾個更小的任務，讓這些任務可以在二十五分鐘內完成。

當然，對我們來說，我們永遠能專注在學習的主題，不論是閱讀、分析或是消化資訊。

舉例來說，如果你想讀一本書，你可以根據自己的閱讀速度，把書分成好幾個部分，每段拆成要花二十五分鐘閱讀的份量，或許比你估計的再多一點點。

計時器響起之後，你還是可以繼續進行下去，但如果還沒響起你就沒事可做的話，那你就無法不間斷地完成這一輪。你不會希望發生這種狀況的！

第二，將計時器設定為二十五分鐘。這是你在沒有中斷或干擾的情況下，持續進行下去的時間長度。

西里洛相信，一個真的能用手動轉到二十五分鐘的計時器是最好的，因為這可以讓你透過儀式性地轉動計時器來敦促自己的工作。投資一個計時器，把它加入你的計畫之中是值得的。

第三，持續工作、閱讀、學習，直到計時器響起。

一旦響起後，你可以在一張紙上打個勾或貼張貼紙，這樣你就知道自己在一天之內完成了幾個番茄。如此一來，你就能追蹤自己的進度，並且看到自己為任務投入了多少時間。

你可以在工作和學習區域放上一塊白板，也可以在牆上貼一張紙來追蹤進度。

重點是要時刻了解自己在做什麼，並且為自己努力完成的番茄數量感到自豪。持續不間斷的努力會讓你成就感滿滿！

第四，休息一下。

休息五分鐘的時間長度剛好，但不一定要那麼精確。重點在於休息、伸展肢體，並讓自己保持良好狀態，以準備進入下一個番茄。

切記休息時間要簡短！

完成一個番茄後，你可以看一段網絡影片，散步，休息一下喝杯水、茶或咖啡。起身四處走動，最重要的是放鬆心情。但不要走得太遠，也別想做什麼會超過五分鐘的事情。

第五，每完成四個番茄後，就休息久一點。

這次休息可以長達十五～二十五分鐘，但實際上應該休息到你覺得真正恢復，感覺精力充沛，並且可以開始下一個番茄為止。

這是你真正放鬆一下的機會。伸展你的思緒，但也要有心理準備你即將進入下一組四個番茄。

在這一段較長的休息時間裡，你可以讀點其他東西，查看你最喜歡的社交媒體網站，甚至可以小睡一會兒。

休息時間更長，你就可以享受更多選擇。而且經過四個番茄之後，你就可以不帶罪惡感地享受，因為這一天你已經做了很多努力。

在這個改善工作效率的方法中，有一點很重要，就是**番茄時間是不容破壞、不可分割的。**

你不能啟動計時器後，受到干擾而注意力分散，又把分心的時間也算進番茄時間。如果被打斷，或發現自己神遊了，就必須停下番茄時間，然後在準備重新開始時，再次啟動計時器。

這個方法的重點是訓練自己提高工作效率，並專心二十五分鐘；如果你失敗了，就重新開始，直到你的大腦習慣這個節奏。遲早，你會習慣這個步調，到時候專心工作一個番茄的時間就會變得很簡單。

來自其他人的干擾很難控制，但西里洛也傳授了一個解決這種情況的方法。他建議我們依照「告知、協商、再次聯繫」的方法來處理突然的干擾。總共有四個步驟：

第一，告訴來找你的人，你現在正在忙，沒有辦法中斷手邊的工作。

第二，和對方談好你何時可以與他們聯繫，讓他們知道你不會為了工作而忽視他們的需求。

第三，安排後續行動。訂定與對方聯繫的明確時間可以使他們放心，增加他們讓你繼續回到番茄時間的可能性。

第四，也是最後一個步驟，當你完成番茄時間之後回電給他們。因為你重新安排了他們的打擾時間，所以與他們聯繫並滿足他們的需求就成了你的責任。

這個方法不必很複雜，只要說「我現在沒辦法中斷手邊的工作。我可以十分鐘（或看你的番茄時間還剩久）後回電給你嗎？」

這樣就完成四個步驟中的三個了。

再來你所要做的就是在計時器響起時打給他們。提醒你休息的鈴響，變成提醒你聯繫他人的鐘聲！

這樣做一兩次之後，你的同事、家人或朋友就會明白你在做什麼，並相信你確實會與他們聯繫，從而不打擾你繼續你的番茄時間。幾乎沒有什麼事情（在合理範圍之內）會如此緊急，以至於不能等個二十五分鐘，甚至兩小時。唯一緊急的就是你分心了。

請記得，儘管嚴格要求必須在不間斷的二十五分鐘完成一個番茄，但這並不是監禁。

只要你記得在完成所欲的工作之後休息一下，即使超過二十五分鐘也可以繼續工作。休息還可以讓你保持精力充沛，隨時準備工作，從而提高工作效率。工作，然後休息。

在經過一段時間的番茄鐘工作法訓練之後，你可以透過將時間間隔加倍為50-10來增加你的注意力週期，進一步改善專注力。

這鼓勵你把學習和工作效率計時器設定為五十分鐘而不是二十五分鐘，並且在完成後休息兩倍的時間。這麼做的好處是，你花一樣長的時間休息、恢復和追求其他興趣，但你的專注力和工作效率卻得到了更精心的磨練以及良好的訓練。

能夠長時間做更多事情，而不需要休息或被打擾分散注意力，總是一件好事。你可能需要努力來達到這個境界。

當50-10規則變得容易駕馭時，你可以督促自己更進一步到60-60-30法。60-60-30法就是工作六十分鐘兩次，然後休息三十分鐘。更具體的說，這個方法建議連續重複兩次50-10法，然後接著休息三十分鐘。在工作和休息時，設定計時器可以避免你一直查看時鐘，到了這個階段，連續工作或學習五十分鐘就很自然。這個方法只是進一步加強過程，同時提醒你在工作時要保持精力充沛並且充分休息。

總體來說，為什麼這些集中注意力的方法能夠克服短暫注意力的問題應該是顯而易見的。為了達到有效學習，首先要能集中注意力。

改變地點

改變地點聽起來好像和記憶或學習沒有任何關係，那它和本章的其餘部分又有什麼關聯？

我們的記憶不是只有在刻意回想時才會被觸發，它們有時會在無意中被觸發，因為它們與我們記憶時的一切都有關聯。

這就是為什麼氣味或歌曲可以立刻把我們帶到另一個時空。當記憶形成時，氣味或歌曲也伴隨左右，因此一個記憶可以有好幾個觸發點，不論是刻意回想或在潛意識中。

我們的認知和思維有很大一部分是在不知不覺中發生的，如果我們不把這一點融入到學習中，那就太愚蠢了。為什麼不利用我們原生的大腦來幫助記憶資料和概念，而不是只有讓我們感到飢餓和口渴？

這個策略是關於：在不同的地點和環境中學習同一份教材，有助於保存記憶的現象。這就是所謂的情境依賴記憶（context-dependent memory）。基於研究發現，學習並不是排他性的，事實上，它非常具有廣納性。

羅伯特・比約克（Robert Bjork）的一項研究發現，資訊是被整體記住和登錄在我們的記憶中。

這意味著，如果你在水族館裡研究和學習西班牙這個國家，你的記憶會在潛意識將這兩者聯繫在一起。

你的記憶也會將那天你穿了什麼、吃了什麼、水族館裡的氣味，以及在你周圍視覺上特別突出的東西通通聯繫起來。

就你的記憶而言，它們都會和你要記住或學習的特定資訊混在一起。所有資訊都是大腦的資訊，無論是來自教科書還是我們的感官或環境。

這意味著兩件事：

第一，只要接觸到相同的氣味或視覺刺激，就有可能喚起你對西班牙的記憶。如果它們是你對資訊整體記憶的一部分，那麼它們就會提醒你其餘的訊息。

換句話說，如果你在水族館裡研究學習西班牙，那麼看到一張水族館的照片，很有可能讓你想起你所學到的西班牙資訊。

許多無意識的關聯都可以觸發你想要想起的訊息。

第二，如果你在學習和消化同樣的資訊時，經常改變地點，那麼你就是在增強記憶，因為它會與多個地點、氣味和全面的刺激物相連，讓你記住它。

研究人員認為這增加了神經支架。簡單來說，對於有關西班牙的一項資訊，你可以有十種不同的環境因素來幫助你回想。觸發這個記憶或資訊的刺激物越多，它在你的記憶中就登錄得越深，就像一個不斷增長的網路。

這對你來說意味著什麼？在學習相同的資訊時，你應該盡量時常改變地點。如果你不能改變景色，那就改變你桌上的東西、你聽的音樂——任何影響你五種感官的東西。刺激物的變化越多，資訊在大腦裡扎的根就越多。

科學家發現了與記憶有關的其他連結。蒙特克萊爾州立大學（Montclair State University）的露絲・普拉波（Ruth Propper）發現，即使是肌肉收縮，例如握緊右拳，如果與記憶同時進行，也可能在潛意識中與資訊連結在一起。

一組參與研究者在進行記憶任務時，右手握緊著一顆球，而其他組則完全沒有球或是緊握左手。

第一組通常表現最好。

為什麼這會有效呢？這可能與改變地點會加強記憶保存的原因類似，因為刺激物越多，獲得資訊的線索就越多。

就把這些現象想像成你在大腦裡建立許多通向資訊的道路。每次你轉換地點，或將資訊與其他事物連結起來時，你就建立了更多路徑，讓記憶的探索變得更容易，也讓記憶的登錄變得更加深刻。

例如，假設你從早上九點學習到下午三點，總共六個小時。你可以安排每兩個小時換一次地點，這麼做有助於記憶的情境登錄和提取。

為了提升到下一個層次，你可以在每個地點增加不同的因素，不一樣的溫度、聲音、氣味和景象——你的五種感官都可以幫助你形成記憶和回想。

為了充分利用這些科學研究所證明的一切，在學習時，讓自己置身於不同的情境、地點和環境之中。把學習時段分配給不同的地點或刺激，每一、兩個小時變動一次。轉換地點。

讓環境變化多樣，並養成嘗試不同組合的習慣。記住，這些都是為了讓資訊在大腦中扎根並提供回憶的根源。

雖然我們通常避免被動地吸收資訊，但在這種情況下，間接訊息實際上對我們來說是有利的。你甚至不需要特別注意環境因素就能從中獲益。

建構生動的圖像

建構生動的圖像——你能直接猜到為什麼這會有助於學習嗎？舉個簡單的例子：當你回想過去的一年時，你還記得些什麼？是無聊的事，還是令人興奮的事？毫無疑問地，你會記得那些令人興奮的事情，因為它們對你產生了影響。我們可以利用這一點來幫助我們追求學習和更好的記憶。

大量的研究顯示，視覺線索可以幫助我們更容易記住和提取資訊。

當你把大腦想成主要是一個圖像處理器，而不是文字處理器，視覺學習的研究就說得通了。事實上，與處理視覺圖像的部分相比，大腦用來處理文字的部分非常少——光是處理視覺圖像就占了大約百分之三十的大腦。

文字是抽象的，大腦較難保存，而視覺資料是具體的，因此更容易記住。

要說明這一點，可以試想你每週必須背一組單字。現在，回想一下你的初吻或高中畢業舞會的舞伴。

最有可能的情況是，你必須付出很大的努力才能記住單字。相較之下，當你正在初吻或在畢業舞會上時，我敢打賭你並不是想把它們記入記憶裡。然而，你（現在，甚至是幾年後）卻可以快速而輕鬆地想起這些經歷。你要感謝大腦令人驚嘆的視覺處理器，你才能輕鬆地記住生活經歷。

你的大腦會自動幫你記住這些事情，你甚至不會意識到它在做這些動作。

有無數的研究證實了視覺影像在學習中的作用。例如，一項研究要求學生記住許多組單字，每組三個字，比如：狗、腳踏車、街道。那些想藉著重複一遍又一遍來記住單字的學生，在記憶力上的表現很差。相較之下，那些努力用這三個單字進行視覺聯想的學生，比如想像一隻狗騎著腳踏車在街上跑，他們的記憶力明顯更好。

有效地使用視覺資料可以降低學習時間，提高理解力，增強記憶提取能力，以及提高記憶力。

如果我們的大腦天生受影像所吸引，而我們又通常會記住生動、明亮和強烈的資訊，那我們應該將這兩者結合起來。在腦海裡建構生動的圖像有助於我們記憶。

例如，列出你想記住的八個東西：兔子、咖啡、毯子、頭髮、仙人掌、跑步、山、茶。

這似乎很難記住，因為每個東西都不相關。然而，你可以給自己一個更好的機會，在腦海中幫這些東西創造生動又吸引人的圖像。不一定就是要那個東西的圖像，甚至也不用和它有關。

例如，說到兔子，你可以想到哪些形象？你可以用一個正常、可愛的兔子來代表，但這個形象在你的記憶中可能不會太特別。你可以聯想「兔子」這個詞使你想到的圖像、符號、這個詞聽起來像什麼，或者這個字是怎麼寫的。

越離譜，越不尋常，你就越容易記住，因為我們容易忘記正常的事情。

當你對這八個東西都做了聯想，你就更能記住它們。這不僅是利用了大腦的運作方式；更是你為它們選擇合適形象所付出的心思和時間。

回想一下我們如何討論塗鴉的力量，因為它既與活化視覺處理神經元有關，也和純粹投入更多時間和心力在繪畫上有關。

重點不是塗鴉或圖像本身，而是在你在這件事上所花的時間和投注的心思。

你可以將這個方法運用到清單、資訊，甚至是難以理解的概念。當你養成習慣不再單純採用字面意義，而建構生動的圖像讓它們在你的腦海中脫穎而出時，你就會記得更清楚。

不要再採取死背硬記的學習方式！

其實，建構生動的圖像還可以採取另一種形式。問一個簡單的問題——你會記得一部無聊的電影，還是一部扣人心弦的電影？你當然會更記得扣人心弦的那部，因為它對你造成了影響，總之，它讓人難以忘懷。

所以我們從一個例子開始，讓你立刻感受到生動的故事可以帶來的改變。

首先，按照以下順序記住這些詞語：兔子、咖啡、毯子、頭髮、仙人掌、跑步、山、茶。

現在，拿一張紙，按照順序把你記得的詞語寫下來。看看你能記得多少。

大多數人可以記住三到四個。如果你記得更多，那很好。如你所見，只依靠自然的記憶並不是好方法。如果你記得清單上一半的詞語，那很好，但這並不代表是個好的學習！

現在我們來談談這個技巧的要點，就是要創造一個包含這些項目的故事。當你可以在這些項目之間建立起有意義的連結，而不是試圖記住枯燥的資料時，你就更有機會記得。

最後，故事會變成一整段資訊，而不是八個不同的東西；這就類似我們之前提到的，將新舊資訊結合在一起的情況。

將這些詞語創造成一個故事，就可以更容易地按照順序記住它們。你可以將清單的這些詞語建構出什麼樣的故事呢？和以前的方法一樣，越不尋常、越離譜越好，這樣就越難忘記。

生動的事物容易留在腦海，所以你必須找到突顯事物的方法。

提醒一下：兔子、咖啡、毯子、頭髮、仙人掌、跑步、山、茶。

故事可以從一隻兔子因為賣了藏在咖啡裡的毒品而入獄開始。他想透過把他的毯子和頭髮綁在一起來做成武器，攻擊他的獄友。然而有一天，他發現了一顆仙人掌，在監獄院子裡跑步時。用這顆仙人掌換了三公斤的茶，他順利逃到監獄上方的山上，從此再也沒有人看過他。

每個項目都是大腦的觸發器，幫助你記得下一個項目。這就像聽一首歌，每段歌詞都會讓你記得下一段歌詞，你就能記住整首歌的歌詞。

這項技巧的主要原理是讓每個項目都與眾不同（想像），並把它們連結到下一個項目（聯想）。

故事越瘋狂越好。越是獨特，就越能留在你的腦海裡。

當你在編故事的時候，盡量使用各種顏色和動作在腦海裡想像出來。把故事練習個兩、三次。接著，測試自己可以記住多少內容。就像我說過的，這些改善記憶的技巧非常有效，因為這反映出記憶的運作方式。

主要概念就是在毫無意義且不相關的資訊中創造出意義，這當然會使人們更容易記得。

○提問專家

我們把一個重要策略留到最後來談——如何成為一個提問專家。

成為一個提問專家的重要性不容小覷，但這並不是要你賣弄學問或挑釁。

我們一再強調，你不能期望資訊主動來教你，讓你明白。這個責任最後總會落在你自己身上。

如果你不能從課堂、課本或影片中理解某些內容，那麼一遍又一遍地重複閱讀同樣的東西也不會是解決辦法。你必須自己努力研究，然後找到答案。

這只會讓你想到心理學實驗，老鼠不斷按下桿子讓自己受到電擊，但完全沒有取得任何進展，所以顯然需要改變方法。

這個明顯的例子說明：要更聰明工作，而不是更拚命地工作；沒有人可以否認老鼠很努力，但得到的結果有待商榷。

我們來看看兩個人閱讀並學習同一本西班牙歷史的情形。金寶會閱讀並複習內容。他會做筆記，而且可以輕易地通過這堂課的考試。他的答案看起來就像玉米麵包的食譜要點。最後得到B+的分數。這是金寶應得的。

另一方面，庫納讀同一本書，但他只讀一、兩遍，而把剩下的時間用來加強理解西班牙征服者和國王作為的動機和原因。他在同一個考試中獲得A+的分數，因為他展現出金寶本來也能具備的洞察力，所以分數更高。他的答案更像是論文，儘管他忘記了一些微小細節，但因為他更深刻的理解，在推理和評判方面的表現也更深具洞見。

他追根究柢地尋找答案，因此能看穿表面的事實和資訊，進而精通西班牙歷史。

他消化資訊並針對疑問來仔細研究。他發現，如果問對了問題，他甚至不須要知道所有的資料，因為他可以預測征服者可能會做些什麼。這是庫納應得的。

在學習過程中，有人說：提出的問題遠比答案更重要。

的確，我們也聽過在求職面試時的建議，你應該要提出「聰明的問題」來顯示出你對這間公司有比較深入的了解。

有時候，把內容硬背起來就是我們的目標，但如果我們想要更深入地理解，就要從提問開始。

提問會把一項扁平的資訊轉化成與世界互動、活生生的立體知識。這就是任何事實或資訊的真實狀況。我們為了追求速度和速率，經常忽略它背後的故事。提出一個問題，就是看到一個主題，找出你不知道的東西，並且對自己可能理解錯誤的這件事情，保持開放的態度。

「有意義的學習」只有在你了解與該資訊相關的事物時才會發生，比如搞懂它的背景和脈絡。

換句話說，好的問題最終可以讓我們對理解進行三角剖分。以教科書為例，它的範圍廣泛，不可能涵蓋所有細微之處。如果我們完全接受讀到的內容，就走上單一的路徑。

但如果我們提出問題，就可以看到這條路有許多曲折處，甚至可能不準確。再進行更多不同的探索，就會了解到還有更多的路徑，每條路都有自己的觀點。

提問能讓我們釐清誤解，又能鞏固已知的資訊。到頭來，我們會對同一本教科書有更細微、更準確的了解。

對我們來說幸運的是，幾千年前老師就已經知道這一點了。最有助於提出精闢問的框架就來自於古希臘哲學家蘇格拉底（Socrates）本人，也許他最為人所知的是身為柏拉圖（Plato）的老師，以及因「腐蝕年輕人思想」而遭到國家處決。他的教學方法主要是對話和提問的形式，我們就將其稱為蘇格拉底法。

歸結到根本，蘇格拉底法就是對問題提出問題，仔細分析一個主張或陳述，以獲得更深的理解。

提問的人可能看似冒犯他人，但他們提問是為了充實雙方論述，並找出主張或陳述的潛在假設和動機。

正是從這樣的過程中，我們得到了一個有效提問的框架。

想像一下你發表了一段陳述，而你唯一的反應就是沾沾自喜。

「哦，是這樣嗎？那X和Y呢？」

然而很抱歉，無所不知的質問者才是走在正確的道路上。

美國法學院出了名地喜歡用蘇格拉底式的教學方法。教授會問學生一個問題，學生必須為自己的陳述辯護，對抗教授就法律或案件實際情況提出的質問。

這並不是要讓雙方對立，但確實會迫使人們解釋他們的推理和邏輯——當然，知識落差和邏輯瑕疵就會在此浮現。

這個過程有助於加深理解和洞察力。儘管它本身並不是在冒犯他人，但它可能會引起對方的防禦。

那麼，除了提出一連串的令人頭疼的棘手問題之外，蘇格拉底法到底是什麼？

當你對自己這麼做時，你是在強迫自己理解。你讓自己經歷極度的壓力測試，而這將使你質疑自己和你的邏輯。

它會迫使你放棄自己的臆測，看看還遺漏了什麼地方。如果你被蘇格拉底式的提問毫不留情地質疑、批評得體無完膚，那麼之後所剩的就是經過充分理解並且得到證實的。

如果你的想法上有錯誤或是理解上有落差，就會被發現、糾正以及透過反駁來證明。這就是深度學習。

舉個簡單的例子，假設你告訴一個人天空是藍色的。

這似乎是一個無庸置疑，單純的事實陳述。很明顯，天空是藍色的，你從小就知道了。你走到外面，每天都看到這件事。你還跟某個人說過，他們的眼睛和天空一樣藍。

但請記住，我們提問的目的是為了要更加了解天空的藍色。所以想像一下有人問你，為什麼你知道天空是藍色的？

有很多方法可以回答這個問題，但你決定說自己知道天空是藍色的，因為它反射了海洋，而海洋是藍色的，儘管這是錯誤的。提問者又問了，你怎麼知道這是海洋的反射？

你會怎麼回答？

這段簡短的蘇格拉底式提問顯示出，你不知道天空為什麼或如何反射（或不反射）地球海洋的藍色。你只是試圖解釋一個基本假設，而你卻有點驚訝地發現自己根本不知道。

簡而言之，這就是蘇格拉底法的重要性。誠實而認真地回答對自己提出的一連串單純而簡單的問題，就可以揭穿你以為自己知道的，讓你明白自己不知道的。這往往和你知道自己知道什麼一樣重要，因為它揭示了你的盲點和弱點。這個方法被老師拿來當成教學工具，目的就在於加深理解以及闡明含糊不清的地方。

R・W・保羅（R.W. Paul）將蘇格拉底式提問分為六個種類。快速瀏覽這份列表後，你可能會明白這些問題是如何提高你的學習能力，並引導你填補知識落差。

六種類型的問題分別如下：

一、澄清問題——為什麼這很重要？

二、探究假設——可能存在哪些隱藏的假設？

三、探究原理、理由、證據——有什麼確鑿的證據？

四、質疑觀點——還有哪些其他觀點？

五、探究影響與後果——這意味著什麼？意義是什麼？它與其他資訊有什麼關聯？

六、針對問題的問題——為什麼這個問題很重要？

澄清問題：所說內容的真正含義是什麼？這份資訊是否有潛在的隱藏資訊或意義？他們希望用它來達成什麼目標？假設我們對天空是藍色的有一樣的主張。以下是每個類別的範例問題，你可以合理地提出這些問題，以清楚理解並挑戰他們的想法。

- 天空是藍色的對你有什麼影響？
- 對你有什麼意義？
- 這裡的主要問題是什麼？
- 你這麼說到底是什麼意思？
- 這跟我們的討論有什麼關係？
- 你為什麼這麼說？

探究假設：這些主張是基於什麼樣的假設，哪些假設又有實際證據的支持？所有內容中，有哪些是主觀意見，哪些是信念？什麼是基於證據或透過其他方式證明的事實？除非你所讀的是科學論文，否則總會包含一些內在假設，而這些假設可能是正確的，也可能是不正確的。

- 你所謂的藍色就是我所謂的藍色嗎？
- 你為什麼覺得天空是藍色的？
- 你要如何證明或驗證呢？
- 這個說法到底是從哪來的？
- 那麼，是什麼讓你相信天空是藍色的？
- 你要如何證明天空是藍色的？

探究原理、理由、證據：你怎麼知道這些證據是可信而有效的？得到的結論是什麼？過程又使用了哪些原理、理由、證據？哪些東西可能被忽略或遭到掩蔽？

- 天空是什麼顏色的證據在哪裡，為什麼這個證據有說服力？
- 海洋的反射如何影響天空的顏色？
- 你有這方面的例子嗎？
- 為什麼你認為這是真的？
- 如果這項資訊不正確或有錯該怎麼辦？
- 你能夠告訴我理由嗎？

質疑觀點：人們總是會從特定的偏見提出一個主張或論點，所以要故意唱反調，對他們的想法抱持懷疑態度。詢問對方為什麼不採對立的觀點，為什麼那樣就不合理。

- 有沒有其他方法可以詮釋你的證據，另一種觀點呢？
- 為什麼這項研究最能證明天空是藍色的？
- 能不能用同樣的方法證明天空是紅色的？為什麼可以或為什麼不行？
- 這個論點可能有哪些漏洞？
- 反面論點是什麼？
- 為什麼不是天空影響海洋的顏色，而是相反的情況？

探究影響與後果：結論是什麼？為什麼？這還意味著什麼？為什麼得出這個結

論？結果會如何？為什麼？

- 如果天空是藍色的，那反射代表什麼？
- 誰會受到天空顏色的影響？
- 這項資訊是什麼意思，會造成什麼後果？
- 這個發現意味著什麼？它還決定了什麼？
- 這和更廣泛的主題或敘述有什麼關聯？
- 如果天空是藍色的，這對海洋代表什麼？
- 你的證據和研究還能證明地球的什麼事情？

針對問題的問題：當你對自己提問時，這個方法就不那麼有效了。針對其他人，你會迫使他們思考為什麼你會問這個問題，為什麼你要這樣質問，然後意識到你想激起某些論辯。你這麼說是什麼意思？為什麼你問X而不問Y？

- 所以你覺得我為什麼要問你：你相信天空是什麼顏色？
- 當我問你這個問題時，你覺得我想達到什麼目的？
- 你認為這些知識對你在其他方面有麼幫助？
- 這如何運用到日常生活和我們之前討論的內容？

一開始，聽起來就像壞掉的唱片一樣，不斷重複同樣的內容，雖然看起來很愚蠢，但是這麼做是有道理的。

每個問題看似相似，但如果正確而適當地回答，它們會往不同的方向發展。在藍色天空的例子中，有超過二十個獨立的問題——二十個獨立的答案，探究某個人的單純主張：天空是藍色的。

你幾乎可以想像，一個人發現自己幾乎一無所知，只能在缺乏脈絡或理解之下，不加思索地重複有限的事實。

你可以運用蘇格拉底法來確保你理解你自以為理解的東西。你可以將其視為系統性的檢測過程，再次確認自己真的理解。

這麼做的結果，不論如何都有好處，因為你要嘛可以確認自己已精通於此，不然就是能夠了解到自己還有哪些地方待補強。

假設你從一位朋友那裡聽說，西班牙宗教法庭進行相當仁慈的輕度審問的過程，只有非常人道的鞭打以及使人傷殘（依各種消息來源估計，死亡人數大約十萬人）。在這種情況下，你可以用蘇格拉底式的提問來糾正錯誤。

提醒一下，六種類型的問題為：

一、澄清問題——為什麼這很重要？

二、探究假設——可能存在哪些隱藏的假設？

三、探究原理、理由、證據——有什麼確鑿的證據？

四、質疑觀點——還有哪些其他觀點？

五、探究影響與後果——這意味著什麼？意義是什麼？它與其他資訊有什麼關聯？

六、針對問題的問題——為什麼這個問題很重要？

為了確認陳述的準確性，你可能會問：

- 這裡所說的到底是什麼意思，為什麼很重要？
- 這項陳述的基礎為何？
- 哪一點讓你認為這是真的？證據在哪裡？
- 誰會有這樣的觀點？為什麼？相反的論點是什麼？為什麼會這樣？
- 這對整個西班牙歷史意味著什麼？所有的歷史教科書都是錯的嗎？這件事會造成什麼影響？
- 你覺得我為什麼會問你這個？

我們用蘇格拉底式的提問來深入了解一個主題，例如大腦的生物學怎麼樣？實際上，這些問題不會改變——一樣可以用這六個問題來加深對大腦結構的理解。你會學習，你會找出漏洞，然後你會理解。這不就是蘇格拉底法的目的嗎？

還有另一種架構可以幫助你成為提問專家，叫做布魯姆分類法（Bloom's Taxonomy）。這是由班傑明・布魯姆（Benjamin Bloom）於一九五六年提出（於二〇〇一年更新），作為衡量大學生學習成績的一種方法。從那之後，它一直是學術機構的主要部分，做為精心設計課程的架構，以確保學生達到全面的理解。就我們的目而言，它會幫助我們與資訊進行更積極、更良好的互動。

為了達到最高程度的理解力，我們必須要完成六個學習層次。大多數的人無法通過分類法的所有層次，所以不要讓自己成為這種命運的受害者。

目前分類法的層次，從最低階到最高階的理解力：

- **記憶**。從長期記憶中提取、辨識、回憶相關知識。
- **了解**。藉由詮釋、舉例、分類、摘要、推論、比較和解釋，從口頭、書面、圖像訊息中創建意義。
- **應用**。使用流程來執行或實施。
- **分析**。把資料分解成局部，透過辨別、組織、歸因來確定局部之間、以及局部與整體結構或目的關聯。
- **評鑑**。透過檢查和評論，依照準則和標準來做判斷。
- **創造**。將要素組合在一起，形成一個連貫具功能性的整體；透過生成、計畫或製作，將要素重組成一個新的模式或結構。

一旦你達到最高層次的「創造」，你就會被視為對於這一技能主題有了深刻的了解。

在分類法中，如果沒有完成這一層級的理解，你就無法充分執行下一個層級。在你理解一個概念之前，你必須先記住它。要應用一個概念，你必須先理解它。為了評鑑一個流程，你必須分析它。為了創造出一個準確的結論，你必須完成全面的評鑑。

要點總結

- 了解如何有效地讓大腦充滿資訊的四個支柱後，再進一步用一些策略來支持它們。
- 我們必須控制注意力週期、管理整體精力。大腦就像一塊肌肉，有時不是那麼有彈性或強大。我們很容易疲倦和分心。就像我們採取的間隔式複習一樣，必須將這一點考慮進去，從而制定計畫。最有效的方法之一就是番茄鐘工作法：你必須工作二十五分鐘，接著放鬆五分鐘。理想狀況是連續執行四個循環。如果你從這個層級「畢業」後，你可以晉級到工作五十分鐘，然後放鬆十分鐘，甚至工作五十分鐘，休息十分鐘，再工作五十分鐘，然後休息四十分鐘。

- 記憶和學習很仰賴當下的情境。這意味著我們的四周環境和地點也會被登錄為記憶的一部分。畢竟，對大腦來說，資訊就是資訊，不管它是來自教科書還是麵包店的香氣。當我們在學習和記憶時，應該利用這個優勢，改變學習地點，把它想成創造出更多組的鉤子，讓資訊牢牢地與大腦勾住。
- 建構生動的圖像以留下想要的記憶。我們天生不會去記住無聊的事情；事實上，我們傾向記住生動而引人注目的事物。因此，在學習和記憶的過程中，把一個枯燥的資訊，透過練習和努力，為它創造出生動的圖像。甚至可以借助畫畫或塗鴉。我們還應該利用生動的圖像來創造故事，以幫助記憶。百分之三十的大腦都專注於處理視覺圖像，所以你可以明白為什麼這會有效。

- 最後，成為一個提問專家。資訊和理解不會主動送上門來；在大多數情況下，你必須親自處理。提問會把一項扁平的資訊轉化成與世界互動、活生生的立體知識。這就是任何事實或資訊的真實狀況；它的背後有一個我們經常忽略的故事。提出一個問題，就是看到一個主題，找出你不知道的東西，並且對你的理解可能是錯誤的這件事情，保持開放的態度。有意義的學習只有在你了解資訊周圍相關的事物，比如背景和脈絡時才會發生。

• 提問可以採取蘇格拉底法的形式，即六個問題的組合，這些問題迫使我們仔細審視假設和潛在的信念。提問內容也可以效仿布魯姆分類法，這個方法有助於你對資訊進行分析與評估。

4

CHAPTER

探索障礙與失敗

即使具備了絕佳的技巧和學習計畫，當你同時身為教學者和學生時，要學習新事物依舊是充滿挑戰的。

不只是學習素材本身，我們所教授的技巧，實際上真的能幫助你征服在這方面遇到的問題。

但真正的挑戰其實在於擊退你的自我懷疑、焦慮和我們最容易因此怠惰的普遍慣性。

在本章中，你會看到一些能幫助你克服這些想法和情緒的小撇步。我們將學會如何打敗那些阻礙我們的自我絆腳石。

在第一章中，我們已經看到那些剝奪我們力量，讓我們失去自信的迷思有哪些。我們的精神狀況、情緒和內在的聲音不斷對我們說我們做不到，這些的破壞性比什麼敵人都還要可怕。如果這些因素能對你的學習造成如此深遠的影響，那想像一下，對你的人生又會造成何等巨大的衝擊。

拖延的惡性循環

首要的障礙即是，我們總免不了會面臨到想要拖拖拉拉和把事情留到明天或晚點再說的那股衝動。

為了有效地克服這個衝動，我們必須了解其中的循環所在，搞清楚為什麼它讓我們無法好好專心在課本、筆記或演講上。

就某種程度而言，這種循環的存在其實值得寬慰，因為它意味著擊退拖延並不需要靠深度的自我探索來解決事情（即便有時免不了得觸及到這部分）。

其實這一切是要在陷入懶散症候群之前，搞懂這個循環，並且及時切斷它。

搞懂解決問題的特定物理公式，與每次都用不同方法解決問題（有時甚至試上二十幾種不同的方法），這兩種做法必須雙管齊下。

當你知道自己在找的是什麼，你就會效率超前。實際上，這意味著要完成自己該做的事，到頭來也沒那麼痛苦了。

這個循環可分為五個重要關鍵，用來解釋為什麼你很容易明知道自己該起身行動，但屁股卻總是不由自主地黏在椅子上。

接著我們會進一步解釋，你是如何合理化自己偷懶的行為，甚至可能讓你下次更理直氣壯地這麼做。

我們可以用複習課本來作例子：

一、對事情沒幫助的假設和虛構的規則：

「人生苦短，所以我應該好好享受，不要把寶貴的時間花在閱讀無聊的課本上！反正教科書都是為那些懶惰的教授設計的！」

二、增加不適：

「我才不要看課本咧，無聊又不舒服。我知道再過兩個小時我才要上課，還可以拖一下。」

三、替拖延找藉口，減輕心理上的不痛快：

「我有充分的理由不看書。天氣好熱，我要先納涼一下。我很肯定班上其他人也是這麼想的，沒有人會先預習啦！」

四、用其他逃避的行動來減緩心理上的抗拒：

「我要先打掃浴室。我還是有做事的！我還有整理書桌。我今天可是做了很多事呢！我今天的表現很棒，所有事情都有做到。誰管什麼溫書啊！」

五、負面與正面的後果：

「啊，我現在自我感覺比較良好了。到處都整潔乾淨。等等，我還要複習功課，快要開始上課了……」

這種思想把我們帶入一個循環：書還沒念，你的預設立場如果還是一樣，除了現在有更多你想立刻逃避的不舒服冒出來。然後就不斷這麼循環著。

一旦進入這個循環，就很難掙脫這個讓你成不了事的慣性。

來分別檢視一下這五個階段吧！

我們從最上層開始，這裡就是你無法開啟一項任務或是無法完成一項正在進行的任務的起點所在。

你深知自己應該要做這些事，而且這些事對你有絕佳益處，然而，你卻下定決心放任自己，你到底在想什麼？

當你不想開始或是繼續做某件事，就會搬出一些對事實沒幫助的預設觀念，或是虛構的規則，這不單純只是因為懶惰或是「我現在不想做」的情緒而已。這關乎於這些感受底下潛藏的信念和預設。

常見的無用預設和虛構的規則有哪些？包括：我的人生應該追尋歡樂和有趣的事物，任何與之衝突的事都不該出現。

我們都時不時會陷入這種想法裡。追尋歡愉是因為你覺得人生苦短，不能錯過任何好玩或有趣的事物，而且應該避免無聊和困難的事物。玩樂才是最重要的！

至少你相信當下的短期歡樂比長期的好處更重要。

這就是「我現在不想做」這句話背後的真義。你的潛臺詞其實是：「我現在想做更令人愉悅的事情。」

我需要做到某事和某事才能開始幹活兒，而如果現下無法實現，那麼我就有理由不去做。有時候你就是無法打起精神去做某些事。你會覺得疲倦、沮喪，失去動力，然後把這些當作你無法完成事項的「理由」。

你得「準備好」，你需要「這個，那個，還有那個」才能好好開始做事。你還得看心情。

這些全都是你所必須召喚的「裝備」，而這些東西與事實狀況其實一點關係也沒有。

「我也許沒辦法做好，那索性連開始都不要開始吧！」你可能會陷入一種莫名的前提，那就是每次做事都得做到完美，不然就視為失敗。這是一種害怕失敗或被拒絕的心態，也牽涉到自信心不足。

你不想被人看扁。那麼你該如何確保上述的一切不會發生？那就不要做就對了。沒有開始，就不需要完成，也就不會造成失敗或令人失望的局面了，因為你根本不給人批判的餘地。

你會在絕對必要時，才去做一些可能會衝擊到這些信念的事情。這就是人類行為的現實，而這些信念通常存在於潛意識層面。

所以，當你被告知要去做家務時，結果「玩樂優先」和「我需要在絕佳狀態才能去做」這兩個信念占據了你的腦海。你會先去玩樂，然後花很長的時間來進入狀況，最後什麼也沒完成。

這個循環接下來的部分是讓它們持續懸而未決的原因。當你慣性拖延時，你持續地強化這份不適感，你對於自己該做什麼並非一無所知，正因如此你才會感到緊張與不舒服。意識到自己不認真並不會產生好的感覺，你可能會有許多不舒服的感覺：生氣、無聊、挫折、精疲力竭、恐懼和絕望。

結果我們處於一個很激動的狀態，這並非我們所樂見。有時候我們得做出改變。這樣想想吧：你的頭腦不想讓你處於心理不適的狀態——就像站在一艘即將沉沒的船上，所以它只能通過接下來兩個階段，用它僅知的方式來處理這種不適（而且，當你的不舒服來源跟溫書有關的話，你更會避之唯恐不及）。

找藉口

當你要逃避責任時，找藉口是讓你感覺最好的一種方式。你知道自己該做什麼事，但你卻不想去做。這代表你只是很懶、很累，還是你有權不做事？當然不是。承認這些或許會比原本還要造成更多不適與緊張。所以你必須羅織藉口，好保持你好好先生或好好小姐的身分，甚至讓自己成為這個處境的受害者——總之你不是壞人就對了。

這叫自我安慰。你會對說些什麼來接受自己的疏於作為？

「我不想錯過今晚的派對，我明天會做啦！」

「我今晚太累了，晚點再開始努力吧。」

「當我有那個心情做事時，我會做得比較好。」

「我想完成那項工作，但我什麼東西都沒有，所以我無法開始。」

「我把別的事情做完後就會馬上進行了。」

如果你跟某人說上述這些話，他們可能會挑著眉說：「最好是啦……」

問題在於，這些藉口你是對自己說的。你可能一生中很常用到這些藉口，以至於這些藉口看起來與現實混在一起。你變得無法分辨現實，故意讓自己失能。

當你在忙著自我催眠，說這些藉口多麼千真萬確又合情合理，那麼你就順利進入了該循環的下個階段：逃避作為。

逃避作為

逃避作為是減輕不適與讓自己感覺不懶散的最常見做法。你內在的臺詞可能會演變成：「我明明就有充分的理由不去念書，但我怎麼還會感到自己一事無成呢？我應該做點什麼才對……」

這些藉口對你來說並不足以減輕你的不適與緊張，所以你必須找點其他事來做。因此你會有所行動，即便這個行動從來就不是你當下最應該做的。

有兩種典型的逃避作為：

第一種，就是透過某些作為來讓自己分心，不要去注意到自己心理上的不舒服或沒紀律，也不會動搖自己的信念或預設立場。反正眼不見為淨。去吃個冰淇淋或是看場新的超級英雄電影來瓦解這種不適感吧！這種分散注意力的方式就是一種拒絕承認。

另一種方式就是做一些其他讓你自認為比手邊的事更有生產力的行為。例如，如果你是在家工作，而你又延宕了一項計畫，你會去打掃你八百年沒清理的浴室，來逃避你真正該做的事。

你會去做一項「比較輕鬆」或是低重要性的工作。這些用來逃避的活動讓你可以說：「嗯！至少我今天還不算太廢，我還是有做事的！」

這些活動最貼切的名稱就是「具生產力的延宕」。這些活動的確可以讓你在短時間內對自己感覺好一些，但卻不會幫助你更靠近該達成的目標，而且還會讓這個循環更難被打破。

負面和正面的後果

逃避是門藝術，但當你逃避責任時，也永遠都必須承擔後果。有某個地方或某個東西被遺漏了。其負面後果更明顯了。

而這些後果可能是越來越不舒服、罪惡感、焦慮和羞恥感。你知道自己根本沒完成（或是根本沒採取步驟完成）你的目標，這讓人感覺更糟。

另一種負面後果就是你會有更多任務要做。

你的工作會累積，除了原本該完成的以外，還會有額外的補償工作要做。視你的任務屬性而定，逃避的後果可能是受到懲罰或損失。

而懲罰或損失可能以各種不同的形式出現，你可能會錯失一個機會，或是達不到目標。這些瑣事還是沒做完，你的草坪開始失控了，裡面冒出一些邪惡的小生物。

其他的負面後果和這個循環有直接的關係，當你那些沒幫助或不正確的預設前提或信念一直沒受到挑戰，你就會編藉口編得特別熟練，也越能承受心理上的不痛快。

這些都讓這個循環更糟糕且牢不可破。至於那些正面的結果都是你幻想出來的。你之所以會感覺好一些，是因為你堅守那些毫無幫助的假設。而且你可能還會因為拖延所做的活動而產生快感。也許當下會有正面的感受，不過最多也只是暫時的。就像閉起眼睛躲開迎頭撞上的卡車車頭燈光線一樣——你只是在自欺欺人，長期下來其實相當失敗。這是在自我毀滅。

兩種後果都會強化這個循環，使之繼續下去。

負面的結果會讓你持續躲避某些任務，而正面的結果會帶來極短暫的歡樂，讓你誤以為一切真的那麼美妙。

這兩種結果都會讓你回到一開始的問題——那個一事無成的自己。

現在你總算明白這個惡性循環是怎麼產生的吧！當你越相信那些無用的假設，就越容易感到不適。

當不適感加劇，你就開始找理由逃避。而越逃避，你就會越想繼續下去，因為正面和負面的感受都會促使你繼續這麼做。

然後你又回頭去看當初那些毫無幫助的說法，搞不好還更加堅信那些歪理。

可惜，自我覺察對人類來說不是什麼優勢。然而試著承認並且介入這些拖延循環，將會助你成功克服拖延行為。

學院浮力

學院浮力的概念是克服學習障礙的第二要素。學習必然是困難的，即便是對那些生來聰明的人來說。

沒有什麼事是得來容易的，起碼想要到精通的程度並不容易。然而，許多人卻在一開始遇到困難就撒手不幹。

那些在學習上遇到挑戰卻能鍥而不捨的人，就可稱他們具有「學院浮力」。這種能力就像聰明才智一樣，並不是與生俱來就有的特質，而是一系列可以被習得的技巧以及可以培養的習慣，最終培養出讓當事者能撐過挑戰並持續學習的能力。

自信心只是學院浮力中的一個要素，不過光是自信就足以讓我們克服恐懼和不安。在第一章中，我們探討過自信是如何啟動你缺乏已久的動力。

試想一下，若是你在艱困的學習中能用上所有要素，那麼你將會變得多強！

雪梨大學和牛津大學的研究確認了若能發展五個「C」，那麼就會獲得學院浮力。所謂的5C分別是：沉著（composure）、自信（confidence）、協調（coordination）、投入（commitment）和控制（control）。

這些要素不只針對學習，但絕對能左右學習的結果。這項研究能明顯指出為什麼這五大要素對於克服學習障礙至關重要——大部分其實都跟學習的內容或資訊本身無關。

大部分的障礙反而是跟我們對學習的心態有關，我們的信念和毅力到頭來會讓我們與其他學習者有所不同。

這些要素的影響相當深遠，甚至比本書提及的其他任何技巧都還要影響重大。這是否可以說是「有志者事竟成」？

沒錯，學習有很大一部分是取決於你對它的感覺，剩下的就是怎樣想辦法節省時間並且更聰明地工作而已。

「沉著」就是處理焦慮以及將焦慮最小化的能力。當學習者在專心念書時感到焦慮，通常是因為我們害怕出醜，覺得很難為情。

如果別人發現我們正在努力學習一項事物，期望我們展示一下自己所學，這該怎麼辦？如果我們做不到呢？如果我們失敗呢？

這些恐懼可能是不知不覺產生的。當人們無法處理他們的焦慮，就會被恐懼給打倒，也會因恐懼產生的緊繃感而半途而廢。

在較差的情況下，擔憂會擊垮學習者的想法，讓這些學生無法專心或理解新的資訊。但有個好消息：其實這些恐懼全都是毫無根據的。

由於焦慮大部分是來自於對失敗的恐懼，所以我們必須直搗核心。當我們面臨恐懼時，我們通常會想到最壞的狀況。不管我們會「失敗」在什麼地方，我們都會把結果想像成世界末日，這就叫「災難效應」，你完全罔顧現實後果，誇張地杞人憂天。

只要能好好進行「自我對話」就能克服這點。認知到負面的事情可能會發生，但絕大部分只是你不合實際的幻想罷了。想一下其他的解讀和結果。如果你發現自己擔心不已，用樂觀的心態來看待。若是你因為自己犯錯而自責，那就提醒自己這是個學習的好機會，下次一定會做得更好。

任何負面的想法都可以因為正向態度、勇氣、寬容和懂得變通而轉為成功和認清事實。

隨著時間過去，頭腦會逐漸接受這些轉化，把負面、恐懼的想法變得越來越正向。如果焦慮對你來說是個問題，那麼堅持一下，別讓這頭妖怪真的把你打倒。你可以得到增加學院浮力的要素。

自信心，又稱作「自我效能」，即是你對於自己能否完成特定任務的信念。當我們缺乏自信時，會覺得自己就是無法成功達標。我們會貶低自己、羞辱自己，不看重自己的進步。

當這種情況發生時，我們通常會在還沒向他人或自己證明能力之前就半途而廢。

麻煩就在於**「放棄」其實也算是一種失敗**。

搞清楚我們對自己的負面信念會令人感到踏實，但還不只如此，我們還能在比較沒壓力的狀況下去把我們的自我懷疑先放一邊，實際去達成目標。

如果你準備好要增進自己的自信心，有兩種主要的技巧可供你使用。第一，如同你在前文讀到的，採用「**自我對話**」的方式。

當你的頭腦跟你說你會失敗，或是那個項目對你來說太難了，你學不來，那麼就想成你更要繼續學習，勤能補拙，你一定會成功。當你持續這麼想，自我懷疑就會隨著時間消散。

第二個方法就具體多了，那就是「**訂定目標**」。當我們完成任務時，自然而然會增加信心，當我們有了成功的紀錄，那麼我們的自我懷疑就越來越難成立。最快的方法就是訂立每天、每小時，甚至每週的讀書計畫，看著自己完成一個又一個計畫。如果真的做到了，那就好好恭喜你自己！你每達到一次目標，就離大師境界更進一步。不只如此，每個你達成的目標都顯示出你具備達成自設目標的技巧與毅力。

這是個標記，表示你的自信是真實且合理的。

協調是有效地計畫和管理時間的能力。如果一個人無法做到這點，那麼就淪為「規畫謬誤」的犧牲品。

這種謬誤代表當事者不善於決定一項任務該花多少時間完成。

一般來說，我們完成任務所花的時間都會比我們原先想得還要長。更糟的是，當需要做的事不須花太多時間，我們通常會把這類任務給延後，因為我們會以為自己還有大把時間來處理。

這通常都不是真的，而且我們後來都會發現自己落後，甚或無法完成任務。然而，我們可以採取一些步驟來解決這個問題。

把工作區域中會令你分心的東西最小化，這是個很好的開始方式。

把電話關掉，門關好，告訴家人或朋友你在忙，請他們不要來打擾你。你得每次一有新的讀書工作或計畫要做時都先這麼做。

把事情延後處理只會導致來不及，必須立刻處理，才能更好地利用時間。最好先做費時較長、較困難的工作。留到最後會有錯誤的安全感，讓你的工作無法在期限內完成。而採取相反的作法則會讓你倒吃甘蔗，更早完成。

「投入」，又稱作毅力，意味著結合熱情與毅力來幫助你達成目標。念一天或是一個星期的書很簡單，但要養成習慣則很容易失敗。

當我們無法把讀書變成習慣，就會發現自己無精打采地坐在沙發上繼續看電影或電視節目，而不花心力精進自己。

這會讓我們停留在同樣的生命狀況裡，浪費寶貴的時間，同樣的時間我們明明就可以拿來提升自己或是改善情況。

如同在前面兩個類別所述，「**自我對話**」是加強投入很有用的工具。

說服自己去做某事，並且確保自己能堅持到最後。當你頹靡不振時，讓別人也以類似的方式來支持並鼓勵你好好念書，如此一來便能強化你的責任感，讓你繼續往前，即便你的精力正逐漸下降。

最後，理解自己為了什麼而犧牲或投入也是很有力量的，若是不知道自己到底能從中獲得什麼益處，或是我們能避掉什麼痛苦，那麼我們就很容易失去動力。了解這個資訊對於實踐夢想有什麼幫助？當你對這項資訊駕輕就熟時，就能克服什麼困難？把這些牢記於心，認知到目前的些許不適是為了更長遠的路。

最後一個要素就是「控制」。

我們覺得自己有能力控制自己的命運。這可以分為許多不同的面向。首先，我們應該要認為自己有能力或能耐去達到我們想要的學習成果。

要是缺乏這個要素，那我們就會變成為了做而做，永遠也無法接近終點。這概念我們在前面的章節講過，但沒有什麼內在潛能這回事。呃，是有啦，但對於百分之九十九的普羅大眾來說並沒什麼影響。

努力用功，就有可能得到自己想要的結果，以及過程中必須歷經掙扎，這些你應該都要有所了解。這些不適感應該是可以預期的，而非意外。

第二，我們應該感到自己能夠掌握學習過程。

當我們對自己的工作有把握，我們就會有責任感，或是感覺自己能作主，這種感受會激勵我們拿出最佳表現，並且屢敗屢戰而不氣餒。

要是沒有這項要素，工作和讀書就會看起來很令人挫折，像是在浪費時間。我們會覺得自己只是被告知要這麼做，這會讓內心感到更受屈辱。

先確定好自己的目標，並且量身打造每天的工作計畫，一點一滴朝目標邁進，那麼就能自行掌握學習過程。

自己掌握自己的命運，創造自己的計畫。你永遠都可以選擇要游移不定在他人的期望、目標或計畫，或是跟著自己定出來的計畫去做。

學習本身並不是件苦差事，但若缺少任何一項上述提及的學院浮力要素，那麼你就注定要失敗了。

要達到有效學習，還有更多比技巧更重要的先決條件。學院浮力比較像是一種適應力，也就是能適應壓力的環境。越有適應力的人，越能「兵來將擋，水來土掩」，並且能順應各種環境而面不改色，比較沒有彈性的人，要他們面對壓力和生涯轉換會比較困難，不管是大是小。

目前已經發現，那些比較能處理微小壓力的人，在遇到更大的危機時也越能臨危不亂，因此適應力不論對我們的日常或是少見的重大災難都有相當的用處。

心理學家蘇珊・寇芭莎（Susan Kobasa）指出了三種適應力的元素：

（一）把困難視為挑戰。

（二）無論遇到什麼狀況都很投入地完成工作。

（三）把力氣和關注限縮在自己可以掌握的因素上。

另一位名叫馬丁．賽里格曼（Martin Seligman）的心理學家也標明了有關適應力的其他三種要素：

（一）把負面事件視為暫時且有限的。

（二）不會讓負面事件來定義他們自己或他們的觀點。

（三）不會過度責怪或貶低自己。

他整個主題都顯示出，這些人會讓負面的事件過去，就當成是一時的，也不會把這些視為是個人的缺陷。

很顯然上述這六種要素對於達到學習目標來說是非常重要的。單純在於你谷底反彈的能力。失敗是人生的一部分，而面對它的態度將決定我們的人格，甚至人生的成功與否。

具建設性的挫敗

在大部分的狀況下，我們會把「達成目標」和「成功」綁在一起。也就是一切都要贏、要獲得正面結果，或是找到解決方法。然而在學習上，失敗是成功之母。

有建設性的失敗是由瑪奴・卡普爾（Manu Kapur）這位新加坡國際教育學院

的研究員所提出。

該哲學建立在學習悖論上，也就是重視那些不如預期的結果。這不僅會對情緒造成影響，同時也會造成神經性的影響。

卡普爾指出，早期先給予學生架構和指引，持續協助他們，之後再逐步讓他們自己學習，這種普遍被接受的知識傳授法並非最好的方法，無法實際促進學習。即便這種作法看起來好像很有道理，但根據卡普爾的說法，最好是讓學生在沒有外力協助的狀況下自己去衝撞。

卡普爾透過兩組學生來進行測試。其中一組學生被指派一連串的任務，會有老師在一旁給予完全的指導協助；第二組學生也被指派同樣的問題，但卻沒有老師的協助。

結果反而是第二組學生為了找解決方法而必須共同合作。有受到協助的組別能夠正確無誤地解決問題，而自食其力的組別則沒辦法。

但是第二組沒有了指導協助，於是被逼著得通力合作，更深入地挖掘問題。這些組員自然而然產生了解決問題的方法，推敲出潛在的解決方法。他們會試著了解問題的根源，並且找出有效的解決之道。

他們徹底嘗試了多元的解決方式、途徑和角度，從三種面向來了解問題。

測試這兩組人剛剛學到什麼，結果天差地遠。

沒有老師協助的那組顯然脫穎而出。

有受到協助的那組在解決問題的過程中並沒有發展出卡普爾所說的「潛在效能」：而透過群組協力深入了解的過程，才能培養出對問題結構更深層的了解。

第二組或許沒有辦法自行解決問題，但他們卻能夠得知問題的更多面向。往後，當這些學生遇到新的困難或試煉，他們就能夠運用自行得出的知識來更有效率地解決問題，比那些受到專家指導的被動接收者還要有效率。

卡普爾於是確認，在第二組的解決過程中，最重要的是**經歷錯誤和失敗**。當團隊主動學習，他們會獲得更多未來所需的知識。

卡普納說有三種情況會讓失敗成為一種有效率的過程：

- 把問題視為「挑戰，而非挫敗」。
- 給學習者解釋和描述這段過程的機會。
- 讓學習者比較好與壞的方法。

為某事努力奮鬥對學習來說是正面的，然而這麼做必須要有紀律，也要能夠接受先苦後甘。這與我們的本能有些衝突，畢竟我們怎麼可能讓失敗成為我們的助力呢？

人總是會遭遇幾次失敗，導致你想要半途而廢。你甚至還沒開始就有預感自己會失敗，因而感到焦慮，讓你的工作延宕。除非你不會向挫折投降。

事先做好失敗的打算，這點很好——但你得計畫好要怎麼應對。事先勾勒出減少失敗的計畫或想法，這麼做通常能夠讓你暫時抽離當下的情況充充電，與問題創造一些空間。

這小小的舉動就能讓人轉換成更客觀的角度，讓你更清楚地看見障礙處。但無論如何，它能立刻減緩你的焦慮感，讓你有機會在較為輕鬆的感受下來看待這個問題。

重點在於在心裡不舒服或困惑時還是能夠感到自在。這就好比同時拋十顆球一樣，不知何時才能放下。

學習模式和結果模式不同，成功的方法也截然不同。

當你想要學習時，你就是在累積知識——只要有累積到知識就算是學習成功。重新調整你的期待，讓學習的過程跟結果一樣重要，甚至比結果更重要。

清晰且靜態的知識，例如事實和日期，可能比較無差，它們並不仰賴學習模式。然而一但涉及更深層的學習理解，頭腦無法一下子就「置入」這些資訊，必須得透過刻意的練習和應用，而「失敗」就在這個過程中發揮作用。

某種程度而言，失敗的作用跟我們之前章節所討論的提問種類一樣，從行不通或不正確的方法，逐漸建立起知識和理解的基礎。

到頭來，失敗的作用就像是指引下一步的藍圖，只是不是事先規畫好的排演，讓你有日後修正的機會。

舉例而言，假設你正在菜園種菜，你一直都知道其中該怎麼做，該運用什麼技巧，當要收成的時候，有些植物沒有按照你預期的生長。

是因為你用錯土壤了嗎？運用你的資源去找出為什麼土壤出了錯，還有正常的土壤該是如何。

還是這個長不出來的植物，跟其他株種太近了？那就學習讓小空間放大的技巧。這項事實背後隱藏著避免失敗，甚至只是在學習的領域也會比那些汲汲營營想成功的人有非常不同的結果。

其中一種方法想要減少風險，另一種則是不計一切代價，只在意結果。

你不需要跟失敗做朋友，但它卻會常伴你左右，無關你喜不喜歡。只要把這點放在心上，或許就會覺得冒點險是很合理的。

從失敗中得到靈感

但是，且慢，關於失敗，還有一些更重要的觀念，可以實際幫助你達到學習目的。

根據在大學任教的林曉東教授的一項研究指出，汲取歷史名人以及科學先驅的失敗和奮鬥經驗，這點至關重要，然而卻常被忽略，認為和學生的成果沒有關係。

其實失敗可以提供校準觀點和預測現實與失敗出現的能力。

教科書通常都只提到成功人士的背景資料，讓讀者相信這些成功的男男女女生來就是這麼優秀。

這個做法其實是很具破壞性的。因為這會讓我們的期望居於一個不切實際的高度。如果你只讀成功的故事，那你要如何面對失敗？如果那些成功人士每個看起來都像是從未遭遇挫折一樣，那麼當你遇到阻礙時該怎麼做才對？

失敗若不在你探討的範圍中，代表你並沒有走在目標的路上。

大部分人，甚至是那些成就斐然的人，一開始都並不相信自己的發現、創造或技巧可以改變世界。

大部分人，包括那些偉大的人，只是拚命過好每一天而已，無論他們是否有遠大的計畫。

每個時刻，即便是在計畫未來或為將來努力的時間，都要過得像個人。人們有所成就，當中無不經過努力奮鬥和跨越失敗的過程。成就越偉大，就代表經歷過越多挫敗。

然而我們的書籍和影音，不但沒有好好示範這個過程，還常常給予相反的印象。

林曉東說：「當孩子們只覺得愛因斯坦是天才，他們就不會相信自己能與之媲美。許多孩子並不知道，所有的成功都要經過不斷遭遇失敗的漫長過程。」

在林曉東的研究中，學生們被告知要閱讀一百九十二位知名科學家的生平。其中一組只讀傳統教科書，當中描述這些人的成就；另一組學生則閱讀關於這些人的生平故事和奮鬥經過，包括愛因斯坦得躲避德國納粹，以及居里夫人經歷了好幾十次失敗的實驗才略有斬獲。

得知這些天才的困境奮鬥史的學生，比較傾向於相信偉人只不過跟他們一樣都是人，而接受傳統那套描述的學生，把焦點都放在科學家的成就上，把他們的成功歸功於獨一無二的天賦和與生俱來的才能，他人無法複製。

了解到成功科學家——或說天才——與他們無異，只是不斷努力和屢敗屢戰而已，有這層認知的學生，學期末都得到較佳的成績。

透過了解大人物的奮鬥和失敗經驗，這些學生得知，原來他們的奮鬥和失敗都是成功的基石。

相較之下，那些並不了解成功人士背後辛苦掙扎與失敗經驗的學生，比較傾向於把自己的掙扎看做是自己的愚笨。他們認為自己無法像心目中的英雄那樣成功，因為他們從未想過原來偉大的人，在邁向成功的路上也會經歷挫敗和掙扎。

這裡很重要的一課就在於，大家都是人類，也都會經歷失敗。即便是出類拔萃，成就凜然的人也會失敗。最成功的人就是失敗最多次的人，而且那些人通常都不是最聰明的。

失敗和成功者之間唯一的差別，就是他們是否甚至在艱困的時刻都還會不斷努力嘗試。

如果你把人生看做是無數場比賽，那麼擁抱失敗的價值就不言而喻了。

例如要贏五次，或許起碼得經過上百次的嘗試。有五十次在第一關就輸了，二十五次在第二關失敗，第三關可能多失敗個十次，第四關再多失敗五次，到破關前還要再多失敗個五次。

失敗是無可避免的。

你可能沒有想要當個先驅、偉大的科學家，或是成就超前的生意人。你可能只想學點嗜好或是希望自己工作表現好一點。然而無論你的目標是什麼，很重要的是記得失敗並非表示你不夠聰明或不夠厲害，它只是代表你得不斷嘗試，就像在你之前那些無數成功人士所做的事。

如果你就是想比較，那麼不要把自己跟教科書上的那些例子做比較。只要比較過去的自己跟現在的自己就好，這才是最重要的。

要點總結

- 學習事物在大部分時間來說可能很簡單，但卻不容易。我們通常都是從白紙一張開始，慢慢掙扎，經歷成長之痛。要獲得頓悟，或只是要達到初步的了解，都可能要花點時間。多數的障礙都是來自我們自己。就像我們一開始就得離開沙發，立刻打開課本並去上課。
- 我們永遠會先遇到的障礙就是「拖延」以及「沒有紀律」。畢竟誰想要去做一些令自己不舒服又困難重重的事情呢？於是日復一日地出現了心理拖延的無限循環，而我們勢必得打破這個循環，每天召喚自己的意志力。

而這個循環就是：無幫助的設想或虛造的規範、不斷增加的不適感，用來減輕心理不適的藉口、用來減輕心理不適的逃避行為，以及正負兩面的後果。分析一下這個循環的各個階段，看看自己哪邊出了問題，那麼你就能打破這個循環。

- 第二步克服內在障礙的方法就是去了解要怎麼樣變得具有「學院浮力」。學院浮力包含五項要素，可以決定你是否被賦予前進的力量，抑或讓你半途而廢。這五項要素就是：沉著、自信、配合、投入和控制。學院浮力比較貼切的說法就是「適應力」：適應壓力狀況的能力。
- 我們無可避免都會經歷失敗，這是個統計學上的結果。然而事實上它卻能成為成功的藍圖。有個叫做「建設性失敗」的概念被特別拿來應用在學習上。了解某項概念或理論所會遇到的各種艱辛與轉折，都替未來提供了更全面的理解和脈絡，而非僅是給出一個簡單的答案。對挫折做好心理準備，但不要屈服於它，就長遠來看結果會是好的。它不會讓你比較好過，但卻會讓你學習得更好。

- 最後，我們必須得調整自已對成功和學習的期待。我們對於成功之路的想像和概念常常都只是受到人們表現出來的樣子所誤導。研究顯示，鑽研那些成功人士失敗和偷吃步，可以大大增加學生們的彈性。在某種意義上，成功需要一定次數的嘗試（當中必須伴隨著失敗），才能把你推上成功的高峰。

全書總結

- 自我學習的過程看似簡單——也就是說，當你除去所有關於自學的迷思之後，剩下的通常就是達到目標的先決條件了。
- 迷思通常圍繞在：先天智力決定你的潛能，某些學習方式是必要的，某些動機很重要，或是根據時間的長短就能知道預定的進步速度。這些都是有害，讓人失去信心的錯誤觀念，因為它們在告訴你「你做不到」。
- 除了意願和一點自律之外，學習並沒有什麼真正的必要條件，但是對於挑戰這種意願和自律很有幫助的，是一套計畫：宏觀計畫和微觀計畫。宏觀計畫與你把時間花在學習上的原因有關，而微觀計畫與你每天應該進行的實際活動有關。前者確保你的目標是你真正想要的，而後者則確保你達到目標。

- 在第一章中，我們介紹了一個概念：實際上自我學習並沒有真正的必要條件。這消除了大部份關於學習和大腦如何運作的迷思，這是一件好事。唯一真正需要的就是一個確保你向前邁進並且實現學習目標的計畫。
- 本書介紹了微觀計畫的四個要素──也就是說，除了閱讀、聆聽和觀看之外，我們實際上應該做些什麼。我們與資訊產生的互動就是學習本身，並且必須帶著目標來運用下列的方法。
- 微觀計畫的第一個要素，是將資訊轉換成對我們有意義的內容。這是另一種與資訊產生互動非常有效的方法。大多數人似乎透過耳濡目染，被動地吸收資訊，但這充其量是效率不高的。當我們僅僅將資訊或概念用自己的話表達出來時，即使只是透過重複的動作，我們處理資訊的方式就產生了變化。我們可以透過四步驟彼得法（做一般的筆記，總結筆記並提出問題，將資訊與主題聯繫起來，考慮整個脈絡並再次總結）或結構化分析筆記法來做到這一點。塗鴉或畫畫對於幫助理解有顯著的效果，同時也與心智圖的運作方式密切相關。最後，我們得出了一個指導原則：學習時，我們的目標是不要花超過百分之五十的時間在閱讀，而是將更多的時間用於消化和分析新的資訊。

- 微觀計畫的第二個要素，是將新的資訊和概念與我們熟悉的事物結合起來。這個步驟也許不是自然而然的，但是用類比的方式思考，用獲得的資訊創造具體的例子將會增強你的理解力。這需要對所學內容有更深的概念性理解，此外，這也可能挖掘出更細緻深層的知識。當你能夠用新的資訊來類比和舉例時，就顯示出你對它的熟練和掌握。

- 第三個要素是自我測試和練習從大腦中提取資訊，而不是把資訊塞進大腦。這可能違背直覺，但我們參加小考的次數越多，我們就越能記住並學得越好。這被稱為提取練習，因為你就是在提取資訊。雖然這主要是透過閃示卡來練習，但首要的教訓就是我們必須主動努力。你越努力奮鬥，就學得越深，也記得越深。當你強迫自己去學習的時候，你就會去學習。沒有真正的捷徑。
- 微觀計畫的第四個元素是謹慎使用你的腦力和體力。大腦就像肌肉，它無法整天整夜工作之後，還能正常運作。可以幫助防止這種情況的主要技巧之一就是間隔式複習，它要求你著重在學習的頻率而不是持續時間。事實證明，這比大多數其他傳統的學習時間表更有效。其實，當我們為自己預留吸收的空間時，應該注意三個因素：強度、頻率和持續時間。我們一次最多只能專注於兩個，所以請確保不要讓自己陷於失敗和疲累不堪的境地。

- 在了解如何有效地讓大腦充滿資訊的四個基本層面之後，我們將提出一些策略來支持它們。
- 我們必須控制注意力週期並且管理整體精力。大腦就像一塊肌肉，有時不是那麼有彈性或強大。我們很容易疲倦和分心。就像我們採取的間隔式複習一樣，必須將這一點考慮進去，從而制定計畫。最有效的方法之一就是番茄鐘工作法：你必須工作二十五分鐘，接著放鬆五分鐘。理想狀況是連續執行四個循環。如果你從這個層級「畢業」之後，你可以晉級到工作五十分鐘，然後放鬆十分鐘，甚至是工作五十分鐘，休息十分鐘，工作五十分鐘，休息四十分鐘。

- 記憶和學習具有情境依賴性。這意味著我們的四周環境和地點也會被登錄為記憶的一部分——畢竟，對大腦來說，資訊就是資訊，不管它是來自教科書還是麵包店的香氣。當我們在學習和記憶時，應該利用這個優勢改變地點。把它想成創造出更多組的鉤子，讓資訊牢牢地與大腦勾住。
- 建構生動的圖像以留下想要的記憶。我們天生不會去記住無聊的事情；事實上，我們傾向記住生動而引人注目的事物。因此，在學習和記憶的過程中，把一個枯燥的資訊，透過練習和努力，為它創造出生動的圖像。甚至可以借助畫畫或塗鴉。我們還應該利用生動的圖像來創造故事，以幫助記憶。百分之三十的大腦都專注於處理視覺圖像，所以你可以明白為什麼這會有效。
- 最後，成為一個提問專家。資訊和理解不會主動送上門來；在大多數情況下，你必須親自處理。提問會把一項扁平的資訊轉化成與世界互動、活生生的立體知識。這就是任何事實或資訊的真實狀況；它的背後有一個我們經常忽略的故事。提出一個問題，就是看到一個主題，找出你不知道的東西，並且對你的理解可能是錯誤的這件事情，保持開放的態度。有意義的學習只有在你了解資訊周圍相關的事物（例如背景和脈絡）時才會發生。

- 提問可以採取蘇格拉底法的形式，即六個問題的組合，這些問題迫使我們仔細審視假設和潛在的信念。提問內容也可以效仿布魯姆分類法，這個方法有助於你對資訊進行分析與評估。

國家圖書館出版品預行編目資料

最高自主學習法：讀書 ・ 工作，一生受用，快速提取資訊精華，駕馭各種複雜知識
-- 初版 . -- 臺北市 : 商周出版 : 家庭傳媒城邦分公司發行 , 民 109.12
240 面，14.8*21 公分
譯自 : The Self-Learning Blueprint: A Strategic Plan to Break Down Complex Topics, Comprehend Deeply, and Teach Yourself Anything
ISBN 978-986-477-934-5(平裝)

528.1　　109015699

請於此處用膠水黏貼

商周出版

讀者回函卡

謝謝您購買我們出版的書籍！請費心填寫此回函卡，我們將不定期寄上城邦集團最新的出版訊息。

姓名：__________ 性別：□男 □女

生日：西元 ______ 年 ______ 月 ______ 日

地址：__________

聯絡電話：__________ 傳真：__________

E-mail：__________

學歷：□ 1. 小學 □ 2. 國中 □ 3. 高中 □ 4. 大專 □ 5. 研究所以上

職業：□ 1. 學生 □ 2. 軍公教 □ 3. 服務 □ 4. 金融 □ 5. 製造 □ 6. 資訊

□ 7. 傳播 □ 8. 自由業 □ 9. 農漁牧 □ 10. 家管 □ 11. 退休

□ 12. 其他 __________

您從何種方式得知本書消息？

□ 1. 書店 □ 2. 網路 □ 3. 報紙 □ 4. 雜誌 □ 5. 廣播 □ 6. 電視

□ 7. 親友推薦 □ 8. 其他 __________

您通常以何種方式購書？

□ 1. 書店 □ 2. 網路 □ 3. 傳真訂購 □ 4. 郵局劃撥 □ 5. 其他 ___

對我們的建議：__________

【為提供訂購、行銷、客戶管理或其他合於營業登記項目或章程所定業務之目的，城邦出版人集團（即英屬蓋曼群島商家庭傳媒（股）公司城邦分公司、城邦文化事業（股）公司），於本集團之營運期間及地區內，將以電郵、傳真、電話、簡訊、郵寄或其他公告方式利用您提供之資料（資料類別：C001、C002、C003、C011等）。利用對象除本集團外，亦可能包括相關服務的協力機構。如您有依個資法第三條或其他需服務之處，得致電本公司客服中心電話02-25007718請求協助。相關資料如為非必要項目，不提供亦不影響您的權益。】

1. C001 辨識個人者：如消費者之姓名、地址、電話、電子郵件等資訊。 3. C003 政府資料中之辨識者：如身份證字號或護照號碼（外國人）。

2. C002 辨識財務者：如信 用卡或轉帳帳戶資訊。 4. C011 個人描述：如性別、國籍、出生年月日。

請於此處用膠水黏貼

廣	告	回	函
北區郵政管理登記證			
台北廣字第 000791 號			
郵資已付，免貼郵票			

104 台北市民生東路二段 141 號 B1

英屬蓋曼群島商家庭傳媒股份有限公司

城邦分公司

請沿虛線對摺，謝謝！

書號：BI7124　書名：最高自主學習法　編碼：

Ideaman 124

最高自主學習法：

讀書．工作，一生受用，快速提取資訊精華，駕馭各種複雜知識

The Self-Learning Blueprint: A Strategic Plan to Break Down Complex Topics, Comprehend Deeply, and Teach Yourself Anything

---

作　　者／彼得．霍林斯（Peter Hollins）　企劃選書．責任編輯／韋孟岑
譯　　者／陳圓君

版　　權／黃淑敏、吳亭儀、邱珮芸
行銷業務／黃崇華、張媖茜、賴晏汝
總　編　輯／何宜珍
總　經　理／彭之琬
發　行　人／何飛鵬
法律顧問／元禾法律事務所　王子文律師
出　　版／商周出版
台北市 104 中山區民生東路二段 141 號 9 樓
電話：(02) 2500-7008　傳真：(02) 2500-7759
E-mail：bwp.service@cite.com.tw
Blog：http://bwp25007008.pixnet.net./blog
發　　行／英屬蓋曼群島商家庭傳媒股份有限公司城邦分公司
台北市 104 中山區民生東路二段 141 號 2 樓
書虫客服專線：(02)2500-7718、(02) 2500-7719
服務時間：週一至週五上午 09:30-12:00；下午 13:30-17:00
24 小時傳真專線：(02) 2500-1990；(02) 2500-1991
劃撥帳號：19863813　戶名：書虫股份有限公司
讀者服務信箱：service@readingclub.com.tw
城邦讀書花園：www.cite.com.tw
香港發行所／城邦（香港）出版集團有限公司
香港灣仔駱克道 193 號超商業中心 1 樓
電話：(852) 25086231 傳真：(852) 25789337
E-mailL：hkcite@biznetvigator.com
馬新發行所／城邦（馬新）出版集團【Cité (M) Sdn. Bhd】
41, Jalan Radin Anum, Bandar Baru Sri Petaling,
57000 Kuala Lumpur, Malaysia.
電話：(603)90578822　傳真：(603)90576622
E-mail：cite@cite.com.my

封面設計／萬聖安
排　　版／菩薩蠻數位文化有限公司
印　　刷／卡樂彩色製版印刷有限公司
總　經　銷／聯合發行股份有限公司
電話：(02)2917-8022　傳真：(02)2911-0053

■ 2020 年（民 109）12 月 01 日初版
定　　價 330 元

ISBN　978-986-477-934-5

城邦讀書花園
www.cite.com.tw